CROQUIS

ALGÉRIENS

CROQUIS

ALGÉRIENS

PAR

CHARLES JOURDAN

PARIS

A. QUANTIN, IMPRIMEUR-ÉDITEUR

7, RUE SAINT-BENOIT

1880

CROQUIS ALGÉRIENS

EN ROUTE

Et tout d'abord, pour voir Alger, prenons la peine d'y aller ; le voyage n'a rien de fatigant quand on le fait en pantoufles ; vous verrez que cette mer à traverser, si effrayante pour beaucoup de gens, n'est pas, à tout prendre, la mer à boire.

Nous voici à Marseille ; dans une heure le paquebot des Messageries partira. Dirigeons-nous vers la Joliette, où le navire jette déjà au vent son panache de fumée.

C'est l'été, la tente est dressée sur le pont, le couvert est mis dans le vaste salon où cent cinquante convives pourraient tenir à l'aise. Quel dommage qu'une si belle habitation ait un plancher si vacillant !

Ne pensons pas à cela et profitons de l'immobilité de notre nouvelle demeure pour procéder à l'installation de nos paquets. Voici la cabine, avec son lit étroit, sa toilette d'acajou, ses porte-manteaux et son pliant. Rien ne manque, pas même la cuvette, hélas! ustensile indispensable au voyageur novice, et que la prévoyance du constructeur a placée à portée de la main.

Oh! oh! que voyons-nous accroché au plafond? Des bouées de sauvetage! Une par personne, c'est le règlement. En cas d'accident, chacun monte sur le pont avec ce gros cerceau rembourré. Brrr!... Si nous descendions à terre, il est encore temps. Bah! la blancheur de ces engins prouve qu'ils n'ont jamais servi à personne. Sans plus tarder, aérons cette chambre à coucher microscopique; on ne viendra que trop tôt visser le gros verre de montre qui sert de fenêtre, *le hublot,* pour parler comme les marins.

Le sifflet retentit; vite sur le pont! il faut assister au départ. Les lourdes chaînes des amarres courent en fouettant les bastingages de leurs nœuds de fer; un flot d'écume bouillonne à l'arrière; le navire tremble. Nous sommes en route.

La terre semble s'éloigner. On distingue bientôt dans leur ensemble ces côtes arides de la Provence, montagnes de pierre que l'industrie et le travail de l'homme ont transformées en jardin d'endroit en endroit. Quelques toits rouges scintillent encore au milieu de la verdure

des collines d'Endoume. Regardez, tout s'efface graduel-
lement ; ce n'est plus maintenant qu'une masse noire
qui coupe la ligne de l'horizon.

La vague devient plus forte, les passagers, tout à l'heure
réunis en groupes joyeux, se dispersent. Où vont-ils ? Ne
le demandez pas. Cependant les vaillants, les loups de
mer restent à contempler le grandiose spectacle du
coucher du soleil en pleine Méditerranée. Le vent souffle,
les feux s'éteignent un à un, seule la lanterne de la
passerelle semble veiller sur les passagers endormis,
tandis que le bruit sourd de la machine et le tintement
clair de l'heure coupent le grand silence.

Au retour du jour, la vie reprend avec un vacarme
infernal ; on frotte, on gratte, on lave le pont du bateau.
C'est à faire prendre en horreur la propreté. Le sommeil
s'enfuit sous les coups redoublés de ces furieux travailleurs. Habillez-vous et montez, c'est le mieux que vous
puissiez faire ; le spectacle de la plaine mer vous attend,
et c'est le seul moment où vous puissiez le contempler :
encore quelques tours d'hélice, vous verrez poindre au
loin la silhouette des îles Baléares.

A mesure que le vaisseau avance vous distinguez les
accidents de terrain, les clochers des églises qui dominent
la masse grisâtre des villages accrochés aux collines. La
moitié de la route est faite, demain au réveil nous verrons

une autre terre, mais plus large et plus haute, et les
blanches maisons d'Alger nous apparaîtront comme les
marches d'un amphithéâtre gigantesque. Ah ! comme la
vue du port raffermit le cœur des moins braves! Avec
quel air pimpant ces jeunes voyageuses, qu'on n'avait
fait qu'entrevoir au départ, sortent de leur maussade
cabine.

Tout le monde est sur le pont; les paquets s'accumulent auprès de la sortie qu'encombrent déjà les passagers
pressés de descendre. A peine a-t-on jeté l'ancre qu'une
foule de bambins à demi-nus vient vous assaillir. Par où
sont-ils montés? On l'ignore, l'échelle du bord n'est pas
encore descendue; mais ces petits-fils de pirates n'ont
pas besoin d'escalier pour escalader les bastingages d'un
navire. Ils surgissent de toutes parts avec leur burnous
en haillons et leur figure brunie. Ce sont des enfants
indigènes que nous aurons tout le temps d'examiner, car
on les rencontre à chaque pas dans la ville. Bornons-nous
pour l'instant à défendre nos sacs et nos valises contre
cette horde de petits portefaix improvisés.

Rien de joyeux comme l'arrivée d'un paquebot de
France dans un de nos ports d'outre-mer. A peine le
navire est-il arrêté qu'une multitude de barques l'entourent. Des parents, des amis viennent à la rencontre
des voyageurs. On ne voit que figures radieuses, que

mouchoirs qui s'agitent, que mains qui se cherchent.
Entre les arrivants et le petit groupe des barques,
s'établit un échange de gais propos, de questions et de
rires. On se parle, on s'appelle. Qui songe maintenant aux
souffrances de la route ?

LE MARCHÉ

Alger, qui a depuis fort longtemps un théâtre superbe, un boulevard grandiose porté par des voûtes gigantesques, une cathédrale massive, des escaliers de granit, un lycée immense et des fortifications très compliquées, ne possède un marché couvert que depuis la fin de 1879. C'était, et c'est encore de préférence, sur une place de la ville, appelée la place de Chartres, que les marchands viennent se grouper chaque matin, apportant avec eux les planches nécessaires à leur installation et le parapluie, ou le morceau de toile, qui doit les abriter du soleil en été et des averses en hiver. Si cette organisation primitive laisse beaucoup à désirer au point de vue du confort et de la commodité, par contre, elle se prête admirablement au pittoresque et *le marché* est une des curiosités que l'étranger ne manque pas d'aller voir.

La place elle-même n'a rien qui vaille la peine d'être décrit ; c'est un grand rectangle flanqué d'arcades sur trois côtés et dominé par des maisons d'une vulgarité désespérante.

Au milieu s'élèvent un bassin et une grande vasque en pierre que l'on décore du nom de jet d'eau, et auxquels il ne manque, pour mériter ce nom, que des eaux jaillissantes. Autrefois des arbres abritaient la désolante sécheresse de ce monument aquatique ; mais, trouvant sans doute que cela lui portait ombrage, l'administration les fit jeter bas. Aujourd'hui quatre kiosques minuscules, au toit pointu, remplacent la verdure défunte et servent de boutiques à des commerçants israélites.

Ne nous arrêtons pas plus longtemps aux décors. Voyons la scène.

Il est trois heures du matin, et tandis que les citadins reposent, tout un monde de maraîchers et de producteurs s'achemine lentement vers la ville. Peu ou pas de Français, mais beaucoup d'Espagnols, de Mahonnais et d'Arabes. Si vous avez passé la veille sur la route qui, bordant la mer, laisse entre elle et les premières assises des collines les jardins du Hamma, vous avez pu voir, au bord des grands bassins que remplissent des norias, les préparatifs du marché du lendemain. Filles et garçons, courtement vêtus et bras nus, lavent à grande eau des monceaux de salades, de carottes, de navets, de radis, de patates, que leurs mains vigoureuses accumulent en meules sur les larges bords du réservoir. Rien de gai comme cet étalage improvisé, jetant ses notes vives au milieu du joyeux labeur de la famille. Ah! comme ils travaillent tous de bon cœur! c'est plaisir de les voir! les plus petits rangent dans des corbeilles d'osier des tomates plus rouges que leur ceinture, des poivrons verts, des aubergines violettes; il y a là toute une palette aux tons heurtés qui ferait le bonheur d'un impressionniste!

Mais, j'oublie qu'il est trois heures du matin et que nous avons autre chose à voir. Les voitures chargées, balançant leur lanterne fumeuse accrochée au brancard, roulent lentement vers la cité, pêle-mêle avec les mulets et les ânes, dont les volumineux fardeaux se heurtent à chaque instant. Parfois une troupe plus étrange dépasse les lents véhicules. Ce sont des Kabyles poussant devant eux leurs petits bourriquots. Ils viennent par bandes, après deux jours de marche, vendre à Alger ce joli raisin doré de Kabylie, dont le petit grain transparent est sans pépins.

Enfin l'on arrive, le jour pointe à peine que déjà l'animation règne dans tous les coins de la place. On parlemente, on discute, on se dispute même un peu, c'est l'heure des grosses transactions; les revendeurs achètent aux producteurs, et cela ne peut se faire sans quelque bruit. On se bouscule aussi, car la rue étroite qui dessert le marché d'un côté et l'escalier qui lui donne accès de l'autre sont également incommodes et insuffisants. Quoique l'aube paraisse à peine, on n'a pas de temps à perdre pour caser et parer la marchandise. Là, entre quatre planches, ce sont des melons qu'on accumule et que leur forme et leur couleur feraient plutôt prendre pour des munitions d'arsenal que pour des fruits inoffensifs. Mais sommes-nous sur une place de guerre? Voilà que l'on dresse ici une pyramide d'obus formidables.

Rassurez-vous, ce sont de très bénignes pastèques grosses comme des dames-jeannes et que l'on vendra tout à l'heure pour quelques sous. Plus loin, les sacs de pommes de terre se rangent en bon ordre, tandis qu'à côté s'élèvent en savants échafaudages les figues noires et blanches, les grappes blondes et brunes, les pêches dures, etc. Légumes et fruits finissent bientôt par couvrir le sol et par encombrer les petites es'rades que chacun vient d'improviser.

Sous les arcades, les boutiques s'ouvrent; on suspend les quartiers de bœufs aux crochets de fer, on découvre les larges fromages, on roule jusqu'au seuil les tonneaux d'anchois et de harengs, on pousse contre la vitrine les mottes de beurre, les jambons, les carrés de lard. Entrez,

1.

mesdames, faites-vous servir! Mais, personne ne vient
encore.

Laissez au moins aux fleuristes le temps de dresser
leur reposoir fait de jasmin, de lauriers-roses, de lages-
troemias, de patchoulis, de grenadiers et de verveine.
Attendez aussi que ces bons Arabes, indolents et graves,
aient aligné devant eux leurs « karmousses-in-sara » ou
figues de Barbarie. Un sou le tas, c'est un prix fait
depuis la conquête, et le tas se compose de sept à huit
en moyenne.

Vous connaissez ce fruit, ayant la forme et la dimension d'un gros œuf. On le rencontre dans le Midi, mais
il y est toujours un peu à l'état de curiosité. En Algérie,
il abonde, toutes les haies en sont garnies, et les indigènes en font une consommation et un commerce considérables. Pas un coin de rue où l'on n'en vende.

Cette industrie doit pourtant être peu productive, car
le pauvre diable qui s'y livre est chargé d'ouvrir chaque
figue, et n'oubliez pas qu'il y en a huit au paquet. Les
piquants imperceptibles dont elles sont armées rendent
la besogne assez délicate; mais les marchands s'en ac-
quittent avec beaucoup d'adresse. Par deux incisions, ils
font tomber chaque extrémité, puis ils pratiquent une
fente dans le sens de la longueur, et, saisissant les bords
de la peau, ils dépouillent le fruit et vous le présentent
sur sa pulpe ouverte. Dans un instant, les amateurs vont

arriver, soldats, ouvriers et bourgeois, et les tas vont disparaître comme par enchantement. Hélas! ils ne disparaissent que trop, car à cette époque de l'année, les hôpitaux se remplissent de malades imprudents qui n'ont su résister ni à la douceur, ni au bon marché des « karmousses ». Le produit du cactus est parfaitement inoffensif, lorsqu'on le consomme en petite quantité, mais il contient une telle profusion de pépins que, pris à grande dose, il occasionne de sérieux inconvénients.

Tandis que je me livre à une dissertation médicobotanique, le soleil monte sur l'horizon. Il fait grand jour, le marché est prêt à recevoir son monde. La ville s'éveille et a faim. Dans un instant, la foule envahira la place. Nous reviendrons avec elle si le cœur vous en dit.

YAOULEDS ET MÉNAGÈRES

On ne s'aventure pas le matin, à Alger, dans les parages de la place où se tient le marché, sans être suivi et accosté par une meute de petits indigènes en haillons.

— « Eh! monsieur Didon, viens porter?

— « Eh! madame Didon, c'est moi qui porte? »

Vous avez beau presser le pas, ces acharnés ne vous quittent que lorsqu'ils ont la conviction intime que vous n'allez pas faire vos provisions.

Le nouveau débarqué qui se voit ainsi entouré et interpellé, dès sa première promenade matinale dans la rue Bab-Azoun, s'arrête surpris devant les frimousses vraiment amusantes de ces enfants. — « Viens porter quoi? » se demande-t-il, et puis : « Qu'est-ce qui peut bien leur faire supposer que je m'appelle monsieur Didon? » Avant que l'étranger ait trouvé le mot de l'énigme, la bande rieuse, voyant qu'elle a affaire à un simple oisif, tourne les talons et va assaillir un autre passant.

Militaires ou bourgeois, dames ou servantes, sont l'objet des mêmes propositions de la part des gamins arabes exerçant la noble profession de commissionnaires. Et commissionnaires patentés, s'il vous plaît! la plaque de cuivre qu'ils portent au bras le prouve. Aussi avec quel orgueil ils vous la montrent! Un diplomate n'étale pas avec plus de complaisance la rosette qui fleurit sa boutonnière.

On prétend que l'Arabe et le Français n'ont aucun point de ressemblance. C'est une erreur : tous deux ont le même culte pour les colifichets officiels.

On sait qu'à peu près dans tout l'Orient les Français sont désignés sous le nom de Didon. La reine de Carthage n'en est pas la cause, comme pourraient le penser des étymologistes superficiels. Il n'y a, au reste, à chercher là ni racines grecques ni origines latines : nous nous sommes baptisés nous-mêmes en nous apostrophant à tout propos par l'expression familière de « dis donc! »

Les sobriquets ne naissent pas autrement.

C'est ainsi que nous avons fait un substantif unique des mots arabes *ya ouled* : Eh! l'enfant! Un *yaouled*, des *yaouleds*, c'est passé dans le vocabulaire des Algériens, et si le dictionnaire de l'Académie était plus complet, on trouverait à la lettre Y :

« *Yaouled*, nom générique que l'on donne à tout Arabe se tenant dans la rue à la disposition du public; porteurs d'eau, cireurs de souliers, commissionnaires, etc. — Prenez un yaouled avec vous. — Vous trouverez des yaouleds sur la place. »

Tandis que les chefs arabes étaient en train de faire des visites, lors de leur séjour à Paris durant l'Exposition, ils auraient bien dû aller en corps demander aux immortels la réparation de cette omission fâcheuse.

Il va sans dire que le yaouled n'a pas d'âge. De même que les musulmans appellent Didon des Européens qui n'ont jamais usé de cette locution, de même nous traitons d'enfants des hommes à barbe grise. C'est une convention, et nul ne s'en fâche. Pourtant le yaouled qui nous occupe, celui qui veut absolument *vous porter quelque chose* est généralement un bambin.

Les jambes et les bras nus, un pantalon déchiqueté, serré à la ceinture, emprisonnant une chemise que ses aventures multiples n'ont jamais conduite dans un baquet de blanchisseuse, le petit chéchia crasseux sur le sommet de la tête, la mine ouverte, le regard franc, il vous aborde hardiment en ouvrant devant vous la série de ses *coufins* dans lesquels il semble vous inviter à entrer.

Ici encore, un dictionnaire serait utile pour apprendre

au lecteur bénévole ce qu'est un *coufin* : quelque chose tenant le milieu entre le cabas et le panier. Imaginez une natte souple, de forme circulaire, fortement concave et munie de deux anses. Tel est le véhicule commode et peu coûteux que toute ménagère emporte avec elle et qu'un yaouled doit posséder quand il aspire à l'honneur de vous accompagner au marché.

Mais, puisque c'est au marché que nous allons, faisons choix d'un de ces gamins. Tandis que vous hésitez, promenant le regard sur ces faces brunes et expressives, vous les voyez se livrer aux pantomimes les plus suppliantes. Qui obtiendra la précieuse faveur ? Minerve, Junon et Vénus ne devaient pas montrer une convoitise moins grande et lancer des œillades plus langoureuses à la pomme d'or du berger Pâris.

Enfin un signe de vous a désigné l'élu ; quelques bourrades bien senties le font sortir des rangs des compétiteurs malheureux, et, avec une régularité automatique, il emboîte le pas derrière vous.

A partir de ce moment, vous n'avez plus à vous occuper de lui. Ce n'est pas un enfant, c'est une ombre qui vous suit silencieusement. Seulement, n'oubliez pas de le congédier, vos acquisitions faites, car il renouvellerait à vos dépens la plaisanterie du bec de gaz de Passepartout dans le *Voyage en quatre-vingts jours :* la pre-

mière fois que vous vous retourneriez, vous le trouveriez là, à son poste, immuable, et vous présentant un de
ses couffins pour recevoir un paquet quelconque. Le Bré-
silien qui suivait la dame à quinze pas, et dont on a eu
la cruauté de mettre en couplets les mésaventures, devait avoir un ancêtre parmi cette race persévérante.

Rien de commode, du reste, comme ces petits intermédiaires qui, moyennant un salaire de trois à quatre
sous, vous accompagnent une heure durant, sans jamais
proférer une plainte, quoique pliant parfois sous le poids
de leur fardeau.

Gravissons l'escalier qui sépare la rue Bab-Azoun de
la place de Chartres, et arrêtons-nous un instant sur le
dernier palier pour examiner le spectacle animé que nous
avons sous les yeux. Une foule compacte et bariolée a
envahi le marché. Bonnes en cotillon simple, ménagères en
camisole, gentilles Espagnoles au minois éveillé, belles
petites en négligé, femmes comme il faut, jeunes gens et
militaires, personne ne manque au rendez-vous. Un
Longchamps minuscule égaré dans une halle microscopique. On s'évite, on se salue ; le bruit de l'offre et de la
demande couvre les conversations particulières qui s'é-
changent au-dessus des pyramides de salades et des
parterres de légumes.

C'est vivant et gai. Ne cherchez rien d'analogue dans

les pays de brouillards et de frimas. Le soleil seul engendre de pareilles mœurs.

Chacun se meut comme il peut parmi les étalages trop
rapprochés des marchands ; mais tout ce monde est en
belle humeur, on se fait place mutuellement ; si une
poussée survient, elle provoque des rires. On est bon
enfant sous un ciel pur.

Ceux qui ne rient pas, par exemple, ce sont les pauvres petits yaouleds que leurs coufins embarrassent et
qui, semblables à Gulliver chez les Brobdingnacs, se
perdent au milieu d'une forêt de jambes. Quelle belle
occasion il y aurait là pour eux de laisser partir leur
cliente, et de garder ces provisions que convoitent leur
appétit et leur gourmandise. Les ruelles sont nombreuses autour de la place, en dix pas on serait hors de
portée des regards, et la Casbah est un labyrinthe où la
police n'aime pas à s'aventurer. Que de gravoches met-
traient à profit ces circonstances ! Mais ces braves gamins ne pensent pas à cela.

« Eh bien ! et les Mauresques ? direz-vous ; parlez-nous
des Mauresques. »

Ce serait avec le plus grand plaisir, mais je ne puis,
pour les besoins de la cause et par amour du coloris, les
faire venir sur le marché où elles ne s'aventurent pas.
Cependant, s'il faut à tout prix vous en servir, en voici

d'immobiles, régulièrement espacées comme des caria-
tides. Austères, ridées, drapées dans un lambeau de cotonnade, présentant aux passants, de leurs mains maigres, de petites bottes de plantin, seule récolte qu'elles
aient pu faire en battant sous le soleil ardent la campagne
des environs, elles semblent là figées sur place par leur
misère.

Sous leur peau jaunie, où les ronces ont laissé des
éraflures blanches, un reste de sang circule-t-il encore ?
On pourrait en douter à leur allure de spectre. Pas un
mot, pas un geste ne fait remuer leurs lèvres ou n'agite
la draperie fangeuse qui couvre leur corps momifié.
Celles-là ne ressemblent guère aux figures de cire que
les orientalistes de profession nous montrent sous leur
bandeau de sequins, fades, rosées, banales jusqu'à
l'ennui.

Si pourtant le pinceau de l'artiste cherche la vigueur
et le caractère dans le sujet qu'il traite, ces femmes
droites et muettes, image de la souffrance et de la rési-
gnation, peuvent offrir de puissants modèles.

ALGER PENDANT LE RAMADAN

Le ramadan est le nom d'un des mois du calendrier
musulman, et, comme les mois de ce calendrier ont la
durée d'une lune, il en résulte que le ramadan ne reparaît jamais exactement à la même époque. Il avance
chaque année de dix jours et parcourt ainsi successivement les quatre saisons. Mahomet n'avait pas songé à
cela en prescrivant le jeûne et c'est très malheureux,
car celui-ci, supportable lorsque les jours sont courts,
devient une véritable souffrance quand il coïncide avec
l'été.

Au jour précis où débute le carême musulman,
que ce soit en juillet ou en décembre, les quatre-vingt-
seize millions de musulmans qui peuplent le monde,
mettent leurs pipes et leurs cafetières de côté avec une
ponctualité et un ensemble admirables. C'est que la

règle est formelle : dès l'aube, le jeûne commence et ne
se termine qu'au soir lorsqu'on cesse de pouvoir dis-
tiguer un fil blanc d'un fil noir. Pendant toute la durée
du jour, on ne peut ni boire, ni fumer, ni manger; en
un mot, il faut que rien ne pénètre ni dans la bouche ni
dans les narines. Priser est expressément défendu, et la
loi religieuse est si rigide que, si un pauvre diable avale
par mégarde un moustique ou respire une fleur dont le
pollen se détache, il est contraint de payer sa faute en
prolongeant d'un jour ou de plusieurs ses privations déjà
si dures.

Les enfants sont dispensés de l'épreuve jusqu'au moment
où leur taille devient plus grosse que leur tête, phénomène dont la mère s'assure en prenant la ceinture de
l'enfant et en la plaçant autour de son front. La ceinture
passe-t-elle, l'enfant observera le ramadan; est-elle trop
étroite, le bambin est sauf. Les malades aussi peuvent
obtenir une dispense; mais, comme le ciel ne veut rien
perdre, c'est sous la condition formelle que, revenus à la
santé, ils s'imposeront les vingt-neuf jours sacramentels
de carême. « C'est une dette à payer, disent les arabes;
on peut gagner un peu de temps, mais il faut toujours
finir par s'acquitter envers Allah. »

Le fanatisme est une bien belle chose; grâce à lui, ce jeûne
rigoureux et inutile, prescrit par la fantaisie d'un prophète, est supporté avec joie par les populations de

l'Orient. Quelques-uns échappent peut-être à la règle, mais ils sont si peu nombreux qu'ils ne constituent pas une moyenne de un pour mille, et le profond mépris qui s'attache à eux en fait des espèces de parias parmi leurs coreligionnaires. En Algérie, où l'élément indigène des villes paraît être le moins soumis à ces superstitions religieuses, on ne ferait pas accepter une tasse de café ou prendre une bouffée de cigarette au dernier des portefaix.

Et ce qu'il y a de plus remarquable, c'est que le clergé n'intervient pas, comme chez nous, pour faire respecter les prescriptions du livre saint Va-t-on consulter un marabout et solliciter de lui une dispense, il se borne à répondre que ce n'est pas son affaire : « Agis à ta guise, c'est avec Dieu que tu régleras ton compte; moi je n'ai pas à m'en mêler. »

A Rome, on est moins sage.

Cependant, pas plus que les dévots catholiques, les fanatiques musulmans ne jeûnent pendant leur carême, si l'on entend par jeûner s'abstenir des plaisirs de la table. Mahomet a dit : « Il vous est permis de manger et de boire jusqu'au moment où vous pourrez distinguer un fil blanc d'un fil noir; à partir de ce moment, observez le jeûne jusqu'à la nuit. » Se conformant strictement au texte sacré, les Arabes se privent de toute nourriture durant le jour et mangent ensuite jusqu'au moment où, ma foi! ils ne distinguent plus grand'chose.

Qu'il serait étonné, le prophète, si, se promenant, à la clarté de la lune de ramadan, dans les rues tortueuses d'Alger, il voyait l'animation des cafés maures, le va-et-vient des confiseurs ambulants, les approvisionnements des petits restaurateurs et la mine truculente de certains de ses fidèles !

Musique, chansons, bruyants propos, heurteraient singulièrement les oreilles de celui qui croyait, en prescrivant un carême sévère, prescrire en même temps l'abstinence. L'abstinence! ah! bien oui! il n'en est pas question. Jamais, plus qu'à cette époque de l'année, les musulmans ne se préoccupent de leur alimentation. Que voulez-vous? La nature est faible, et il existe un instant physiologique où les beautés du ciel de Mahomet disparaissent devant le charme d'un quartier de mouton ou d'une galette à l'huile. Et puis, quelle meilleure manière de tromper les lentes heures du jeûne que de les consacrer au choix et à la préparation d'aliments délicats?

Aussi, c'est quand arrive le ramadan qu'apparaissent aux devantures des boutiques indigènes les gourmandises orientales. Jetez un coup d'œil sur ces étagères : les caisses d'*aloua emla turc* — littéralement le sucré de Turquie — montrent sous leur couvercle soulevé leur mastic gris fait de grains de sésame et de miel. Sur cette nappe blanche, voyez ces flocons de mousseline ambrée, c'est une pâte de semoule encore fraîche coupée en lanières impalpables et qui, sous le nom de « ktaief » sert à la confection d'un plat exquis.

Bonbons de toute sorte, longs rubans de sucrerie rose et blanche que des hommes portent gravement sur un bâton vertical, *zlabias* au tube contourné rempli de mie et frits dans l'huile, friandises de toutes nuances et de tous prix... on ne se douterait guère que l'on est au milieu d'un peuple s'imposant des privations pour glorifier le temps où le Koran a été révélé à l'humanité.

Pourtant n'exagérons pas : si l'obligation de ne *rien laisser pénétrer dans le corps*, depuis le premier rayon de l'aube jusqu'aux dernières clartés du crépuscule, ne constitue qu'une simple gêne à l'égard des privilégiés de la fortune, elle impose en revanche de véritables souffrances à la masse des prolétaires. Traîner des fardeaux, piocher la terre par une température moyenne de 40 degrés au soleil, sans pouvoir étancher sa soif, c'est dur, quelle que soit l'abondance du repas que préparent au logis les épouses, les sœurs ou les mères; car, en Algérie, on peut dire littéralement que toute femme met la main à la pâte; jeunes ou vieiles ont pour principale occupation la cuisine, et Dieu sait les complications que cette cuisine comporte !

On aurait confié à Brillat-Savarin le soin de créer, pour
des êtres oisifs, un art culinaire capable d'occuper tous
leurs instants, qu'il n'aurait rien trouvé de si compliqué
et de si minutieux. Depuis la pâtisserie où les gâteaux
à mille feuilles exigent une manipulation et une cuisson
particulière pour chacun des éléments qui les composent,
jusqu'à la soupe, où les parcelles de pâte sont pétries
une à une entre les doigts, tout est l'objet de soins mé-
ticuleux à l'excès. Aussi ce n'est pas trop de deux ou
trois femmes travaillant tout le jour pour préparer les co-
pieux dîners du rhamadan.

Elles ont d'autant plus à faire, ces malheureuses ménagères, que la lune du jeûne est celle pendant laquelle
les réunions de famille sont les plus fréquentes. Il n'est
pas rare de voir un humble intérieur envahi par une bande
affamée de parents pauvres que les devoirs traditionnels
de l'hospitalité obligent à héberger convenablement.

On n'a guère les moyens de traiter, mais on se privera
le restant de l'année, pour servir abondamment sa table
pendant le carême. On vendra un tapis, un bijou, un
coffre, on empruntera quelques *douros* à vingt-cinq ou
trente du cent, mais on fera figure. Mahomet n'a-t-il pas
dit : « Vous pourrez boire et manger jusqu'à ce que vous
distinguiez un fil blanc d'un fil noir » ? Eh bien, on s'ar-
range pour « pouvoir manger et boire » toute la nuit.
C'est la lettre, sinon l'esprit du Koran.

Tandis que les petites mains blanches pétrissent les galettes, effritent le couscoussou, façonnent à coups de paume les lamelles transparentes des fines pâtisseries, les hommes et les négresses courent aux provisions. Il faut les voir, dans ces ruelles étroites si souvent décrites de la Kasbah, allant et venant, leur *coufin* à la main, contemplant longtemps les étalages avant de faire leur choix, puis se décidant gravement.

Ces gens-là trouvent moyen d'être solennels en achetant un sou de cannelle.

J'ai parlé d'étalage, c'est faute de synonyme que j'emploie ce mot, car les produits des petits commerçants indigènes ne rappellent en rien, par leur disposition, les devantures de nos magasins français. Sitôt que l'on quitte le quartier européen pour s'aventurer dans la ville arabe, on ne rencontre plus guère que des boutiques où le marchand a strictement la place de s'asseoir.

Quelques bocaux, deux ou trois petits barils, une légère estrade qu'on est obligé de démonter lorsqu'on ferme l'étroit réduit, voilà tout le matériel. Ajoutez à cela une profusion de clous tapissant les parois et les rondins mal équarris du plafond, vous connaîtrez toutes les ressources dont dispose pour son industrie un négociant de la Kasbah.

Les restaurateurs sont un peu plus grandement logés ;
leur niche atteint parfois la dimension d'un de nos cabi-
nets de toilette ; c'est que le fourneau prend de la place
et que les cuisiniers, dans tous les pays, aiment à avoir
leurs aises.

Que fabrique-t-on dans ces officines microscopiques ?
Un peu de tout : les *zlabias* dont j'ai parlé plus haut,
les poivrons frits, les sardines, qu'une pâte légère réunit
en éventail, des morceaux de mouton grillés, des salades
empourprées de poivre rouge. Tout cela, divisé en por-
tions proprettes, est exposé sur de petites soucoupes à
la convoitise des passants.

Moyennant 75 centimes, et moins, on peut s'offrir un
festin à deux services, car le prix des plats varie entre
1 et 3 sous ; seulement, on ne consomme pas sur place.
Chacun emporte avec lui les mets de son choix. Ce n'est
que dans quelques grands établissements, affectant des
airs de brasseries, que le restaurateur met à la disposition
de son client une natte et une cruche d'eau pour prendre
son repas à l'aise.

Ce qui domine dans ces installations primitives, c'est
la grande simplicité de leur organisation. Aucun désordre, pas d'embarras, cela semble n'avoir coûté de mal
à personne et s'être fait comme par enchantement.

Voyez plutôt celui qui a présidé à ces savantes préparations culinaires : pas une tache n'altère la blancheur de ses vêtements, la spirale de son turban n'a pas perdu sa symétrie parfaite; il est là, accroupi dans une posture superbement indifférente, et n'interrompant pas toujours l'air qu'il joue sur sa flûte de roseau pour répondre à la demande d'un acheteur : un signe suffit le plus souvent.

Sa petite cuisine refroidit tranquillement près de lui et rien ne paraît moins le préoccuper que de savoir si elle tentera la gourmandise des promeneurs. On dirait à le voir que cela ne le regarde en rien; aussi ne comptez pas qu'il se dérange ou qu'il discute, si vous lui offrez un prix inférieur à celui qu'il réclame. Surfaire ! fi donc !

De fait, il n'a pas à s'inquiéter, à cette époque de l'année ses provisions trouveront preneur. N'est-on pas en plein ramadan, c'est-à-dire au beau milieu du jeûne, la belle saison pour les marchands de denrées?

De toutes les bénédictions que Mahomet devait attendre,. celles de cette classe intéressante d'industriels étaient certainement les dernières sur lesquelles il devait compter en prescrivant son carême. Mais les prophètes ne font pas toujours ce qu'ils veulent.

ENVIRONS D'ALGER. — SAINT-EUGÈNE

Alger sépare deux territoires absolument différents d'aspect et de climat. A gauche, la Bouzaréah, montagne au flancs abruptes, orientée au nord; à droite les coteaux de Mustapha, aux pentes doucement inclinées, regardant le levant. Chaque côté à ses partisans décidés. Tel qui tient pour celui-ci ne s'aventure que contraint et forcé sur celui-là. Il semble, en effet, qu'on s'expatrie un peu en passant de l'un à l'autre, car, si bizarre que cela paraisse, on n'y rencontre plus la même population.

Goûts, habitudes, allures, tout diffère. Notons cependant que l'on y parle encore la même langue et que réunis sur le terrain commun de la ville, les *bouzaréens* et les *mustaphistes* n'ont plus rien qui les distingue.

Rendons d'abord visite aux premiers.

Lorsqu'on sort d'Alger par la porte Bab-el-Oued, on traverse un faubourg populeux qu'encadrent assez tristement les carrières de pierre bleue d'où la cité tire depuis cinquante ans ses matériaux de construction. Peu d'arbres, une route poudreuse, que défoncent à tout instant les lourds camions, des maisons basses, des enfants chétifs, et parfois, pour assombrir encore ce paysage morne, une civière ou un cacolet portant à l'hôpital du Dey quelque militaire malade.

Redescendons bien vite vers la mer et suivons la route que les vagues éclaboussent de leur écume. Là encore, le faubourg, mais le faubourg où l'on s'amuse : des guinguettes et un théâtre, vaste salle servant à toutes choses, où les chansons burlesques ont chassé souvent les tumultueux échos des réunions publiques. Plus loin, l'hôpital du Dey, dont les grands arbres et les murs débordant de fleurs atténuent l'impression triste que cause la vue de tout endroit où l'on souffre.

Nous ne sommes décidément pas sur le chemin de la gaieté ; le cimetière n'est pas loin et voici le lugubre étalage des mausolées, des grilles, des couronnes d'immortelles que l'ardeur commerciale des industriels livre à la vanité ou à la douleur des passants. Encore quelques pas, et le mur qui sépare les vivants des morts profilera la haute ligne blanche sur laquelle se détachent en noir les

2.

groupes des convois funèbres. Après le cimetière français, le cimetière juif, et, tout en haut, sur un mamelon
élevé, la silhouette de Notre-Dame d'Afrique, énorme
meringue qui semble avoir été soufflée là par la dévotion
de quelque pâtissier millionnaire.

Quel chemin ! Il est grand temps de trouver des jardins pour ramener l'esprit à des choses moins sombres:
Saint-Eugène est devant nous avec ses petites maisons,
ses petites rues et ses petits enclos.

Saint-Eugène est le Bougival des Algériens, c'est la
patrie des pêcheurs à la ligne, des amateurs de bouille-
abaisse et des baigneurs en caleçons rouges. Construit
sur les rochers escarpés dont les échancrures ménagent
des plages microscopiques, ce bourg, sans originalité,
renferme une population nombreuse. Pris entre la mer
et la montagne, il n'a pu s'étendre qu'en longueur et au
détriment de la dimension des propriétés qui le composent.
Est-ce parce que la grande Méditerranée est devant lui.
Est-ce à cause des proportions massives du pâté montagneux qui le protège? Je ne sais, mais tout ici a un air
mesquin, étriqué.

La route, l'unique route que l'on ait pu construire sur
l'étroite bande du littoral, semble écarter violemment les
demeures prétentieuses qu'une invincible tendance
pousse à se rapprocher. Pour compléter la banalité de ce
séjour aquatique, mais peu champêtre, des tramways

vont et viennent, absolument comme aux abords de la Grenouillère.

Pourtant les tramways s'arrêtent et la voie, débarrassée de ses rails de fer, s'engage alors en pleine campagne. Quelques maisonnettes arabes, toutes blanches dans la verdure, remplacent le fourmillement des toits rouges tandis que, sur la droite, l'immense mer bleue vient baigner les algues empourprées qui tapissent le pied des falaises. Aux bourgeois endimanchés, aux robes voyantes, aux fillettes maniérées, en un mot à la foule de tout à l'heure, succède maintenant la vraie solitude. De ci, de là, passe encore quelque Arabe portant le mince roseau du pêcheur et tenant à la main un chapelet de rougets ou de bogs, légitime profit de longues heures d'attente.

Un des charmes puissants de la nature est ce silence fait de mille bruits divers qu'aucune note ne domine; ce charme, vous le goûtez entier partout où l'indigène habite à l'exclusion des Européens. Est-ce rêverie ou indolence, admiration ou paresse, l'Arabe est silencieux. Aussi ne vous étonnez pas si cette humble habitation près de laquelle nous passons reste muette en dépit des hôtes qui l'occupent.

C'est un café maure.

Un étroit réduit sert de logis et de laboratoire à son propriétaire; du dehors on peut apercevoir le haut-

fourneau plaqué de faïences qu'entourent les petites
cafetières de fer-blanc de toute grandeur et les tasses
disparates et ébréchées symétriquement rangées à portée
de la main du *caouedji*.

Au dehors, sous une véranda ouverte à l'air libre par
trois arcades, se tiennent les consommateurs accroupis
sur des nattes de jonc. Tous sont graves; ils fument,
boivent ou dorment; quelques-uns restaurent un filet
délabré, amorcent leur ligne ou dévident des écheveaux
de soie pour les entrepreneurs de passementerie de la
ville.

Un salut vous accueille, une chaise de paille défoncée
attend sur ses pieds boiteux qu'un Français l'utilise :
entrez, ici comme partout la consommation est de cinq
centimes; ce serait folie de s'en priver.

Est-il temps de revenir sur nos pas? Non, un kilomètre à peine nous sépare d'un lieu d'excursion cher aux
Algériens : la Pointe-Pescade.

La côte, bizarrement déchiquetée en cet endroit, ainsi
que deux masses de rocher formant îlot à quelques brasses de la rive, composent un paysage
vraiment pittoresque. Des eaux vives descendant de la
montagne et la beauté du site ont donné à des restaurateurs l'idée de monter là d'assez grands établissements.

Le monde y afflue le dimanche, et toute noce qui se respecte aboutit à ce Madrid de barrière.

C'est là que l'on voit le plus souvent, prenant librement leurs ébats, ces nombreuses familles juives que notre domination a affranchies de tout joug. Il suffit d'en examiner les membres pour se rendre compte de la double influence qu'exercent sur ces anciens opprimés les vieilles traditions du peuple d'Israël et les mœurs françaises. Rien de plus bigarré que ces groupes unis cependant par les liens de la plus étroite parenté.

Il n'est pas rare de voir le père costumé comme au bon vieux temps des Turcs, avec son turban noir, sa petite veste de drap, sa ceinture de soie, son large pantalon s'arrêtant sous le genou et ses bas bleus bien tirés que chaussent des brodequins vernis, seule concession au progrès moderne.

A côté, est la femme, fagotée dans une robe à la dernière mode de Paris, étalant sur son embonpoint les etoffes les plus riches et aux tons les plus criards. Les mains gênées dans des gants verts et la tête coiffée d'un chapeau bleu ciel, elle suit gauchement la bande de ses grands enfants.

Ceux-ci à leur tour ont librement obéi à leurs tendances, soit en pratiquant le rigide exclusivisme de leur père, soit en adoptant l'éclectisme de leur mère. Le frère, vêtu en parfait gandin, maniant le stic à pomme d'or, cravaté d'écarlate, accompagne la sœur, dont un serre-tête noir, coupant en biais le front, emprisonne la chevelure. L'écharpe de dentelle blanche, piquée au sommet de la tête, retombe sans grâce sur le fourreau de soie brodé d'or qu'une riche ceinture arrête à la taille. Le pied traîne mollement à terre la petite sandale sans quartier et sans talon que l'orteil seul entraîne dans la marche. Puis, comme après tout il faut sacrifier à l'esprit du jour, on jette sur ce vêtement mes sayant un châle français dont une ombrelle rose ou jaune garantit les couleurs.

Passé la Pointe-Pescade, la route, moins serrée entre les collines et la mer, atteint le cap Caxine, puis se déroule à perte de vue dans la direction de Sidi-Feruch, lieu fameux où, comme chacun sait, les Français débarquèrent le 14 juin 1830.

Mais cela n'est plus du domaine des environs d'Alger. Regagnons la ville qu'il faut traverser pour atteindre les riants coteaux de Mustapha.

LES COTEAUX DE MUSTAPHA

C'est au fond d'un golfe, baigné de lumière et caressé par de tièdes brises, que s'ouvre le cirque arrondi des coteaux de Mustapha. Lorsqu'on arrive de France par une des pures matinées si fréquentes sous le ciel algérien, on ne jouit de ce gracieux panorama que durant un instant fugitif: celui où le paquebot, pour gagner l'entrée du port, exécute sa dernière évolution.

Les yeux habitués aux flancs gris de la Bouzaréah, aux roches déchiquetées de Saint-Eugène et de la Pointe-Pescade, aux vastes horizons de la mer et des montagnes superposées de l'Atlas, se trouvent tout à coup en présence d'un tableau intime, charmant, contrastant par sa douceur avec l'âpreté, la grandeur si l'on veut, du paysage environnant. Une rive que ferme une plage de sable, des jardins dont l'exubérante végétation s'accuse par des massifs d'un vert presque noir, puis un écran de collines, doucement inclinées, où semblent sommeiller, sous les rayons du soleil levant, les blanches villas que les bouquets d'orangers et d'oliviers montrent ou cachent tour à tour.

La marche du bateau est si rapide, le décor s'évanouit si vite, que le premier désir de tout nouveau débarqué est d'aller courir au milieu de cette riante campagne qu'il n'a fait qu'entrevoir. Chose rare en pareille circonstance, aucune désillusion ne l'attend.

La route qui mène d'Alger à Mustapha épargne au promeneur

Ce qu'on voit aux abords d'une grande cité.

Pas d'abattoirs, pas de murs, pas de cimetières... Rolla en eût peut-être été réconcilié avec la vie. Il y a ainsi des coins privilégiés que l'homme épargne. Serait-il dominé par le sentiment du beau? Pourquoi pas.

Le quartier d'Isly, que l'on traverse pour gagner la porte Bab-Azoun, offre, le matin surtout, une animation indescriptible. Chariots de paille ou de foin, voitures de charbon, tombereaux de pastèques, chargements de blé ou d'orge sont rangés près des trottoirs et attendent les clients, au grand préjudice de la circulation. La voie est heureusement fort large, mais les files de mulets, les bandes de chameaux, les troupes d'ânes finissent malgré

tout par l'encombrer, et c'est au milieu d'un double courant de bêtes et de véhicules que se croisent, s'accostent,
s'appellent les représentants d'une population essentiellement cosmopolite composée, en majeure partie, d'Espagnols, de colons français, de nègres et d'Arabes.

Cette cohue est attirée là par le marché indigène, dont
les ombrages de la place Bugeaud abritent les tumul-
tueuses transactions. L'illustre maréchal, calme et grave,
dans la pose qui convient à un homme coulé en bronze,
domine le bruit et assiste à la réalisation de son rêve : le
commerce terminant l'œuvre commencée par les armes.

D'abord quelques boutiques vulgaires rappellent les
rues de toutes les villes connues, mais bientôt les vitrines
font place aux étalages rustiques des Mzabites, aux en-
trepôts de grains et d'huile gardés par des juifs impassibles, aux cafés maures et aux fondouks. Encore quelques
pas, et dans la foule bigarrée, les blouses bleues, les
vestons européens, disparaissent parmi les rangs pressés
des burnous et des sarraux aux raies rouges et jaunes.

C'est, en effet, en cet endroit que les musulmans se
réunissent. Tout en vendant leurs denrées et en achetant
leurs semences, ils s'informent de la politique, prennent
des nouvelles du *Roi Public* — lisez République — et
demandent aux habitants de la ville, en échange des
cancans de la tribu, le récit des cancans de la capitale.

3

Laissons ces gens affairés, franchissons le pont-levis des fortifications et profitons d'un chemin de traverse pour atteindre les hauteurs. La première visite aux environs d'une cité doit être faite à vol d'oiseau.

Sous nos pieds courent trois grandes lignes blanches presque parallèles : le chemin de fer qui, longeant la plage, gagne la Maison-Carrée et tourne brusquement dans l'ouest pour se diriger sur Oran ; la route de Mustapha-Inférieur, sillonnée de tramways et de *coricolos* (omnibus primitifs), traînés par de petits chevaux endiablés, auxquels la maigreur laisse des jambes rapides et des poumons excellents; puis la route de Mustapha-Supérieur plus spécialement fréquentée par les calèches et par les équipages des riches valétudinaires.

Cette voie dessert en effet les belles villas qu'accaparent les Anglais et conduit au palais du gouverneur.

Mustapha est une commune importante ; elle n'était autrefois qu'un faubourg d'Alger; mais le développement qu'elle a pris, l'extension à laquelle elle est appelée, en feront peut-être un jour une rivale heureuse de son opulente voisine. En attendant, ses habitations se pressent dans une masse irrégulière au milieu de laquelle s'ouvre le grand vide du champ de manœuvres; plus près se dressent les pavillons symétriquement rangés de l'hôpital civil.

Voilà pour le premier plan, celui auquel on n'adresse

qu'un regard de curiosité; mais autour, mais au dessus, quel panorama féerique! quelle ampleur de dessin! A droite, la mer développant jusqu'à l'infini la nappe bleue de ses flots mouvants; en face, le cap Matifou, fermant le golfe et montrant coquettement sur sa rive le village du Fort-de-l'Eau, réunion de maisonnettes blanches éparpillées près de la vague comme une volée de mouettes.

Plus loin, la Mitidja, encore enfouie sous le laiteux brouillard du matin, et, au fond du tableau, la chaîne de l'Atlas découpant sa haute silhouette et amoncelant ses gradins gigantesques jusqu'aux pics superbes du Djurdjura. C'est une débauche d'horizons, le regard est enivré, ébloui. On conçoit qu'en présence d'un tel spectacle l'homme reste indolent, inactif; la contemplation est une fonction de l'esprit qui supprime la fonction du corps.

A droite, le décor se rapproche, les coteaux de Kouba mêlent leurs dernières ondulations à la plaine dont on commence à apercevoir les vastes étendues coupées de bouquets d'arbres. En bas, dans la vallée qu'arrêtent les flots blanchissants de la plage, les jardins du Hamma semblent un tapis de verdure placé tout exprès là pour rehausser par une note uniforme la gamme des roses et des bleus qui composent le tableau principal.

C'est pourtant à un sentiment beaucoup plus prosaïque que l'on doit l'heureuse transformation de cette contrée malsaine en cultures maraîchères et en parterres de fleurs. Les Arabes, qui ne s'embarrassent pas de périphrase, avaient baptisé du nom de Hamma, c'est-à-dire de *fièvre*, ce coin de terre où des marécages abritaient, il y a quelque cinquante ans à peine, des troupeaux de sangliers. Aujourd'hui les poitrinaires vont y chercher la santé durant la saison d'hiver, et les primeurs qui sortent de ces sillons fertiles donnent lieu à un commerce d'exportation considérable.

Un village, Hussein-Dey, s'est formé au centre de ces plantureux jardins, et on ne peut constater sans regret que la grande majorité de ses habitants appartient à une nationalité qui n'est pas la nôtre. Ce sont des Mahonnais pour la plupart; leur travail opiniâtre a mis en valeur cette vallée sans pareille, et aujourd'hui, tous ces braves gens, venus presque sans ressources dans le pays, disputent à nos compatriotes des terrains qui ne valent pas moins de dix mille francs l'hectare.

Revenons aux coteaux de Mustapha en face desquels se déroule l'admirable panorama que je viens d'essayer de décrire. Quel que soit le sentier que l'on prenne pour les parcourir, on est assuré de marcher entre une double bordure faite d'arbres aux feuilles persistantes et de fleurs sauvages.

Lentisques, arbousiers, oliviers, caroubiers et chênes-

nains entrecroisent leurs branches et forment le plus
mystérieux des berceaux. On nomme ces chemins des
voies romaines; c'est faire beaucoup d'honneur aux Ro-
mains, qui, pas plus chez eux que dans leurs colonies,
ne sacrifiaient l'agréable à l'utile.

Toujours est-il que ces voies, romaines ou non,
courent en tout sens aux environs d'Alger, escaladant les
crêtes, coupant le flanc des collines, s'enfonçant dans les
ravins, formant, en un mot, les plus adorables méandres
que pieds de promeneurs puissent parcourir. On les a
comparées à des allées de parcs, et la comparaison serait
juste si les trouées des haies qui les bordent ne laissaient
à chaque instant apercevoir un paysage grandiose que les
parcs les plus célèbres ne peuvent offrir aux regards de
ceux qui les visitent.

Eh bien, le croirait-on, la plupart des étrangers que
les froids de l'hiver chassent des côtes d'Europe et
poussent vers Alger, ignorent les splendeurs que ces sentiers enverdurés tiennent en réserve pour les rares amis
de la nature. Étendus dans leur massif landau, ces esclaves de la fortune ne connaissent des alentours de la
ville que les routes poudreuses et les sites consacrés par
l'usage. Mais les trésors qu'ils ont auprès d'eux, ils n'en

soupçonnent même pas l'existence, et c'est en faisant sentencieusement un jour cette remarque, qu'un Arabe disait : « La part des pauvres est la plus belle. »

LA BOUZARÉAH

Lorsqu'on gagne le sommet du mamelon auquel Alger est adossé, on rencontre, à une distance de cinq kilomètres environ, le village d'El-Biar. La plupart des maisons qui le composent sont construites à l'européenne, et, si n'était le ciel, plus bleu que celui de France, on pourrait oublier que l'on a traversé la Méditerranée. Des portails grillés ferment l'entrée de quelques propriétés élégantes; une place symétriquement plantée d'arbres s'ouvre devant l'église et le presbytère; sous le lavoir au toit rouge, des femmes court-vêtues plongent leurs bras hâlés dans l'eau savonneuse; des enfants jouent au seuil de l'école; les troupeaux rentrent dans les étables dont les litières débordent sur la chaussée; par les fenêtres ouvertes des habitations aux volets verts, on voit, accrochées à des murs blanchis à la chaux, des images de sainteté mêlées

à des tresses d'oignons et à des instruments agricoles.
Tout cela n'a rien d'oriental, il faut en convenir, et l'imagination la plus ardente est forcée de reconnaître que le
tableau manque de couleur locale.

Mais si, laissant le village à main gauche, on s'enfonce
dans le pâté montagneux de la Bouzaréah, le décor
change aussitôt, et l'on se trouve en présence d'un
paysage que rien de *déjà vu* ne rappelle. L'œil plane
sur une succession de collines abruptes que coupent des
ravins profonds. La végétation, toujours plus active dans
les parties basses, dessine, par une ligne épaisse de feuillage, les ramifications multiples des ruisseaux qu'une
vaste échancrure, fermée par la mer, réunit et absorbe.

Sur cette trame de couleur sombre surgissent de clairs
mamelons dont l'irrégularité et la silhouette font songer
aux vagues pétrifiées d'un monde en formation. Pourtant
le panorama n'a rien de sauvage; l'homme, en venant
s'installer au milieu de ces sites bouleversés, leur a enlevé toute âpreté.

Là, en effet, point de massif de broussailles ou de
forêts s'étendant à perte de vue et donnant l'impression
de la grandeur par l'uniformité de leur note. Au contraire, une succession de détails : des champs de petite
dimension clos par des haies de cactus ou d'aloès, des
maisonnettes arabes, basses, toutes blanches derrière un

bouquet de verdure; des troupeaux de chèvres et de
brebis, confondant leur toison avec le ton roussâtre des
prairies que les pluies de novembre feront bientôt renaître; parfois un palmier s'élevant haut et droit; puis
un réseau de chemins ombreux, courant au hasard dans
cette campagne tourmentée et se détachant presque en
noir sur les pentes blondes qu'ils escaladent.

Le regard a beau chercher, il ne découvre pas une
route en dehors de ces sentiers où le pied d'un mulet
peut seul s'aventurer, il n'aperçoit pas non plus d'exploitations importantes et de vastes demeures.

La civilisation française n'a-t-elle donc pas pénétré là?
Non. Le fait peut sembler inexplicable; mais le pays que
nous avons sous les yeux ne s'est pas modifié depuis que
le drapeau français a remplacé le drapeau turc sur les
murs de la Kasbah. La difficulté de son accès, le peu de
valeur des propriétés qui le composent, les obstacles que
rencontre toute transaction entre Européens et indigènes,
l'ont laissé aux mains des premiers occupants; aussi a-t-il
gardé intacts son caractère et son originalité.

L'agriculteur maure est là chez lui, rien ne le trouble;
il peut, en cultivant son champ, oublier notre présence
et se croire encore aux beaux jours du fanatisme et de la
piraterie. Que lui importe ce que nous faisons d'Alger?
En quoi l'inquiètent nos chemins de fer et nos bateaux à

vapeur du moment où il peut vivre loin de tout cela, au fond d'une retraite où le bruit de notre activité n'arrive pas?

Regardez le refuge qu'il a choisi, sondez les profondeurs des ravins, examinez ce sol mouvementé, ces mamelons succédant aux mamelons, et dites si jamais la fantaisie vous prendra de. venir jeter des ponts, tailler des routes dans cet inextricable chaos.

Un siècle passera avant que nos empiétements successifs aient dénaturé ce coin silencieux de la Bouzaréah.

LES ARABES CHEZ EUX

Le Maure est laborieux et, quoiqu'on le confonde parfois avec l'Arabe, il ne prend de celui-ci ni les habitudes
de paresse, ni l'incurable insouciance, ni ce laisser-aller
de la vie qui entraîne bientôt l'abandon de soi-même. Si
pauvre qu'il paraisse, vous pouvez entrer chez lui à toute
heure, jamais le spectacle de la misère ne vous frappera.
Vous trouverez, au contraire, dans la propreté du logis,
dans l'ordre parfait qui y règne un air de bien-être et de
paix.

Au reste, si vous y consentez, allons ensemble rendre
visite au propriétaire de cette maisonnette blanche, qu'une
touffe d'oliviers cache à demi. A peine avons-nous fait
quelques pas dans l'étroit sentier de l'habitation que
notre arrivée est signalée par les aboiements de deux
chiens roux au poil hérissé ; le maître éloigne bien vite

à coups de pierre ces gardiens trop fidèles et vient à notre rencontre en prononçant les saluts d'usage.

« *Ouach enta? ouach alek?* (Ce qui littéralement signifie : Comment toi? Comment sur toi?)

— *Ana bréer*, moi je vais bien; et toi-même?

— Je vais bien, grâce à Dieu. Ton père va bien?

— Il va bien. Et ton fils?... »

Ainsi de suite pour chaque membre de la famille, à l'exclusion des femmes cependant dont on paraît toujours ignorer l'existence. Après quoi, on s'enquiert du troupeau, de l'âne ou du mulet, de la récolte, etc. Cette série de questions et de réponses s'échange gravement, les deux interlocuteurs se regardant face à face, plantés l'un devant l'autre avec une immobilité de statue. Préalablement on a tendu les doigts à son hôte, et celui-ci, après les avoir touchés légèrement, a porté la main à son cœur, puis à ses lèvres.

Enfin le cérémonial est terminé, le sourire reparaît, et le maître du logis marche devant vous pour montrer le chemin.

Après avoir traversé des terres nues destinées aux semis d'automne, nous arrivons près d'un puits dont la margelle, à demi effondrée, soutient encore tant bien que mal deux piliers qu'un pied de jasmin a envahis. La barre du support de la poulie, vermoulue par le temps, s'est brisée, et ses deux tronçons aux pointes aiguës servent maintenant d'appui à un pampre fleuri.

Un seau encore plein est posé à terre près d'une flaque boueuse; la corde qui le retient, raccommodée en plusieurs endroits par des nœuds grossiers, enroule sa spirale irrégulière sur une manière de banc en pierres disjointes, séjour ordinaire d'une société de lézards. La source n'est pas profonde; en se penchant on la voit refléter le ciel dans un cadre gracieux de capillaires accrochées comme une tenture aux parois humides.

L'homme puise l'eau à bout de bras; c'est mal commode, mais quel procédé plus simple emploieriez-vous?

Le musulman professe un dédain superbe pour tout ce qui est engin perfectionné.

Une fois cependant le propriétaire du jardin, en velléité de progrès, a installé une poulie à la française. Au début, tout alla bien; mais plus tard, que de complications!

D'abord ce fut une corde neuve qu'il fallut racheter quand la vieille se rompit; avec l'étroite gorge de l'instrument, impossible de faire passer les nœuds de l'ancien câble; puis la roue, avec son grincement sinistre, semblable à une plainte, faillit un jour causer la mort d'un enfant : le contrepoids du seau soulevait le bambin au-dessus du trou béant; lui, se sentant entraîné, se cramponnait de plus belle; sans l'arrivée du père, ses deux

petites mains étaient broyées. Bref, la machine endiablée
s'était enfin abîmée au fond du puits, où elle expiait ses
crimes, sans que nul songeât à la repêcher.

Ces *roumis* ne savent vraiment qu'inventer pour com-
pliquer toutes choses !

L'Arabe, au contraire, est pour la simplicité ; il a horreur de tout ce qui l'oblige à aller implorer l'aide du
voisin. Ne lui parlez pas d'engrenages, de ressorts, de
leviers dont une clavette brisée rend souvent l'usage impossible. A tous ces chefs-d'œuvre de mécanisme, il
préfère ses outils primitifs : un pieu ferré pour labourer
la terre, un pilon de bronze pour moudre son café, deux
pierres pour écraser son grain et une outre servant de
baratte pour fabriquer son beurre. Voilà des instruments
qui ne se dérangent jamais, et que le père lègue au fils en
toute sécurité durant plusieurs générations.

Et cependant, ô contraste bizarre! ajoutez à cela que le
serviteur de Mahomet adore les boîtes à musique!

Non loin de la margelle, où un vigoureux jasmin en-
lace ses branches, un bouquet de grenadiers fait miroiter
au soleil ses feuilles luisantes; les tiges flexibles des
arbrisseaux pliant sous le poids de fruits énormes tombent jusqu'à terre, formant ainsi un berceau naturel où
d'indolentes brebis ont cherché un peu d'ombre. Sur une

déclivité plus rapide, une masse compacte de cactus aux raquettes épineuses gardent encore, sur leurs extrémités les plus inaccessibles, les dernières figues de la saison. Adossé à ce rempart, un toit fait d'herbes sèches et supporté par des branchages, constitue le parc couvert où, sous cet heureux climat, le troupeau trouve un abri suffisant.

C'est là que sont venus se réfugier les chiens qui, tout d'abord, nous avaient si bruyamment accueillis. Notre passage leur fait pousser un sourd grognement et leurs lèvres relevées montrent une menaçante rangée de canines. Ah! si le maître n'était pas là, quelle prompte connaissance on ferait avec ces crocs tranchants!

Nous approchons de la maison; les poules effrayées courent en battant de l'aile, une nichée de joyeux enfants s'enfuit à toutes jambes, un chat noir aux yeux verts bondit sur le tronc noueux d'un gros olivier, dont les rameaux, en pleine lumière, fouettent de traînées d'ombre la façade blanche de la demeure.

Les murs de celle-ci ont depuis longtemps renoncé à la verticale; on ne se rend pas compte du miracle d'équilibre qui les fait encore tenir debout. En se haussant un peu, on pourrait atteindre la terrasse qui constitue le toit.

Une rangée de rondins, flanqués obliquement dans la

maçonnerie, supporte une saillie qui, à l'intérieur, doit correspondre à l'emplacement d'un divan. Trois lucarnes, plutôt taillées pour laisser passer un canon de pistolet qu'une tête curieuse, composent l'ensemble des ouvertures extérieures.

La porte en ogive est dans un angle; un restant d'ornementation, dont les couches de badigeon successives ont fait disparaître les sculptures, indique une certaine recherche dans l'encadrement de l'entrée. La menuiserie elle-même, disjointe et criblée de trous de ver, garde encore dans ses parties les plus saines quelques gros clous de cuivre ciselés; les autres, moins solidement plantés, ont été sans doute enlevés en compagnie de la serrure, qu'une solive, butée en dedans, remplace avec avantage.

UN INTÉRIEUR ARABE

A l'appel du Maure, la solive s'est relevée, on entend
des frôlements d'étoffes et le claquement des pieds nus
sur les dalles unies, puis, le silence se fait et l'on entre
dans le sanctuaire, où pas un chuchotement ne révèle la
présence des femmes.

Le logis que nous visitons est celui d'un pauvre diable
dont le travail fait vivre à grand'peine la famille et, pourtant, rien n'y révèle la gêne. On sent qu'une vie modeste
s'épanouit là au milieu d'une paix parfaite. Quelques pas
nous mènent dans une cour en miniature ombragée par
des pampres de vigne. Un cassier en fleur éparpille
ses boules jaunes odorantes parmi son feuillage finement
découpé. Il a poussé là entre deux carreaux mal joints, et,
comme la place lui manquait, il a un peu écarté le mur.
On lui pardonne en raison des parfums qu'il répand.

Au milieu de la cour, que forment les quatre uniques
pièces de l'habitation, s'élève une sorte de caisse en maçonnerie; les bords servent de banc, et le vide est garni
de terre. Un oranger, objet des soins les plus attentifs,
trône au centre de cette jardinière improvisée qu'encombrent des gerbes d'œillets rouges, des touffes de
persil et de menthe, quelques basilics et un pied de
piment, aux grains écarlates. Tout cela pêle-mêle et dans
un fouillis, gai comme le rayon du soleil qui l'éclaire.

J'ai parlé des chambres; j'aurais mieux fait de baptiser
du nom de couloirs les longs et étroits boyaux qui constituent chaque pièce. Trois sont mystérieusement closes;
mais la quatrième. s'ouvre devant nous, et l'hôte nous
invite à entrer. Le pavé est si luisant, les petits tapis
râpés qui couvrent une partie du sol sont si bien battus et
brossés, que l'on regrette de ne pouvoir imiter l'exemple
de l'amphitryon en laissant ses chaussures sur le seuil.
On chercherait en vain dans ce réduit un grain de poussière ou la trace d'une tache. C'est d'une propreté hol-
landaise.

Deux petites fenêtres, grillées par surcroît de précaution, sont percées de chaque côté de la porte et laissent
apercevoir la cour à travers des rideaux de tulle aussi
blancs que la couche de chaux qui tapisse les murailles.
A terre, trois paillasses de différentes grandeurs constituent les divans traditionnels; la plus large occupe le

renfoncement qui fait saillie à l'extérieur; elle forme, avec les deux autres, placées perpendiculairement, un réduit intime où les membres de la famille s'accroupissent pour prendre leurs repas.

C'est là aussi que les invités [dégustent la tasse de café qu'un Arabe, si misérable qu'il soit, ne manque jamais de leur offrir. De petits coussins longs et durs complètent la commodité de cet ameublement primitif auquel des débris d'étoffes indigènes, soigneusement rapiécées, donnent une certaine allure d'élégance.

Est-ce tout ? Non pas, le mobilier est complet; voici le coffre enluminé de couleurs vives où les habits de gala sont déposés. Ce coffre-là est partout, vous le trouverez aussi bien sous la tente du Saharien que dans les riches villas occupées aux environs d'Alger par quelques-uns des grands chefs que Paris a fêtés. On prétend que c'est dans une boîte identique que Mahomet entassait les omoplates blanchies des moutons sur lesquelles il traçait les versets du Coran. L'art de l'ébénisterie aurait fait en ce cas peu de progrès depuis le vi° siècle.

Mais, après tout, pourquoi les coffres auraient-ils changé de forme et d'ornementation quand les hommes, les costumes, les mœurs sont restés les mêmes? La caractéristique de cette race étrange n'est-elle pas l'immobilité?

Et cette lampe que nous voyons là dressée dans ce coin, pensez-vous qu'elle se soit sensiblement modifiée ? Les époques primitives ne pouvaient certes rien produire de plus élémentaire : imaginez, à l'extrémité d'un long pied, un godet carré rempli d'huile dont chaque angle légèrement évasé laisse passer un bout de mèche; dessous, une collerette de métal destinée à recevoir la mouchette et les fragments noirâtres qu'elle arrache au luminaire; à la base, un plateau assez large pour tenir en équilibre la haute machine. C'est tout, et il paraît que c'est assez.

Suivant les circonstances, on allume un, deux, trois ou quatre becs; on n'en use pas autrement avec le gaz. Ajoutons que la lampe indigène a, sur nos appareils perfectionnés, un avantage : au besoin, elle se transforme en burette, et l'on ne fait pas difficulté de puiser dans son récipient pour les exigences de la table. N'oubliez pas, avant de vous récrier, que vous êtes chez un peuple qui ignore la distinction savante faite par les Occidentaux entre l'huile à brûler et l'huile à manger.

Terminons l'inventaire de la chambre où nous nous trouvons.

Au fond se dresse un grand lit en fer à baldaquin, haut sur pieds; il disparaît derrière un écran d'indienne dont de trop fréquents lavages ont pâli les bouquets.

Écartons légèrement la tenture, nous nous trouvons en présence du meuble principal, au moins faut-il l'examiner.

Des planches remplacent le sommier et supportent un matelas mince couvert d'une housse de cotonnade. Les Orientaux ignorent les douceurs du coucher, ils dorment avec leurs vêtements et considéreraient comme souverainement inconvenant de se dévêtir pour se glisser entre deux draps.

En revanche, ils ont le luxe des oreillers ; en voici de toute grandeur, proprement garnis de taies à volants, et occupant la place du traversin. Leur fonction est de caler le corps du dormeur et grâce à eux il faut convenir que la couche la plus dure devient très tolérable.

Une grande couverture de laine, rayée de couleurs vives, complète l'organisation du lit sous lequel on accumule tous les ustensiles de ménage. Ce fouillis n'a rien de déplaisant, tout est rangé là avec symétrie et ressemble à un vaste rayon d'armoire tenu par les soins d'une ménagère vigilante.

Deux ou trois jarres, des plats de terre non émaillée destinés à la cuisson du pain, une *darbouka* — que l'on prendrait plutôt avec sa peau tendue pour une cruche remplie de provisions précieuses que pour un instrument de musique — un fourneau en poterie, un mortier, un grand plat de bois au rebord recourbé, récipient indispensable à la fabrication du couscoussou, un tamis de

jonc, un sac plein de semoule et un coufin encombré de
poivrons rouges, de cuillers en bois, de paquets de
safran et de grains de poivre. Quand on loge. tout cela
sous un lit on n'a pas à craindre le soir que les voleurs
viennent s'y cacher.

Mais laissons vite retomber la draperie, car si notre
hôte nous surprenait en flagrant délit d'investigation,
son sourire bienveillant prendrait vite une expression
dédaigneuse, non que sa pauvreté l'humilie, mais parce
que l'indiscrétion est, chez les musulmans, un péché
capital.

Pour nous c'est à peine un péché mignon ; cependant
il est temps de nous retirer, car les pas que nous avons
entendus en entrant dans la demeure prouvent que notre
présence condamne à la réclusion les maîtresses du logis.

Prenons congé de notre hôte, quitte à venir plus tard
regarder par la lucarne comment tous ces braves gens se
comportent lorsque, enfermés dans leur maison, ils se
croient à l'abri des regards étrangers.

LA VIE DE FAMILLE

On se fait de l'existence des Arabes une idée généralement fausse. Comment croire en effet que ces braves gens, enfermés dans leur maison mystérieuse, puissent agir comme le commun des mortels ? Mieux vaut supposer des mœurs étranges, brodées sur un thème des *Mille et une nuits,* que d'imaginer une vie paisible, absorbée par les nécessités matérielles que chaque jour fait renaître.

Quand la folle du logis se met en peine de création, rien ne lui coûte pour orner les tableaux qu'elle enfante. Faut-il un harem, elle le conçoit sous les fines dentelles de marbre d'un palais oriental, au milieu d'un parc enverduré de bambous, de palmiers et des feuilles géantes de la flore exotique. Là, sur de moelleux divans, bercées par le murmure des eaux cristallines, des femmes

indolentes, vêtues de gazes légères, attendent la venue
du maître. Ce maître, on le voit éternellement jeune et
éternellement beau, traversant, dédaigneux et indiffé-
rent, les rangs pressés de ses épouses et, pour peu que
l'on ait l'esprit fécond, on reconstitue par la pensée les
deux actes de *Lalla-Rouk* ou l'un des contes sans fin de
Schéherazade.

Il est possible que l'Inde, la Turquie ou la Perse offrent
quelques spécimens de ces décors d'opéra-comique, mais
la vérité est qu'en Algérie il n'existe rien de semblable.
Les familles les plus nobles, les plus anciennes, les plus
riches, sont d'origine saharienne, et chacun sait que le
Sahara ne contient d'autres palais que les vastes tentes
en poils de chameau dont l'exposition du Trocadéro a
montré un assez véridique échantillon.

Ornez ce logis primitif des plus beaux tapis, des plus
épaisses tentures et vous n'aurez encore qu'un réduit
assez modeste. Les grands chefs du désert s'en contentent; cependant ce n'est pas là qu'ils placent leur véritable
luxe mais bien dans la possession des troupeaux innombrables que gardent leurs serviteurs.

Sur le littoral, les indigènes favorisés par la fortune
mènent une vie bourgeoise dont la description manquerait
d'intérêt. On les voit arriver à Alger dans d'assez pau-

vres équipages, étalant leur haute prestance sur des coussins de reps, et dénaturant la beauté de leur costume par l'adjonction malencontreuse d'un parapluie ou d'un parasol français, objets pour lesquels ils se sont pris d'une véritable passion.

Ceux-là, la civilisation les a perdus, ou du moins, pour dire mieux, leur a fait perdre le cachet qui les distinguait il y a quelque vingt ans, avant qu'ils n'eussent reconnu les avantages du landau et l'utilité des ombrelles jaunes! Alors on les rencontrait sur les routes, encaissés dans leur selle au dossier brodé d'or, magnifiquement drapés dans leurs burnous, faisant piaffer une monture superbe sur les flancs de laquelle se détachait le large étrier d'argent et le bas de maroquin rouge. Ils avaient vraiment ainsi une fière allure, et lorsque, chevauchant par les chemins, ils venaient à croiser un de nos jeunes élégants, en bottes molles et en culotte blanche, la fleur à la boutonnière et le gibus posé droit sur le front, on ne pouvait s'empêcher de faire une comparaison fort peu à l'avantage de nos compatriotes.

Mais au fond d'une calèche, c'est autre chose; la redingote noire y est à sa place et le costume indigène avec toutes ses blancheurs y fait l'effet d'un monstrueux paquet de linge évadé d'une voiture de blanchisseuse.

La civilisation n'a pas seulement introduit les landaus

4

et les parasols d'occasion dans les mœurs de l'aristocra-
tie musulmane. Chez les privilégiés qui la composent,
tout se ressent de notre contact. Les quelques spacieuses
maisons qu'ils habitent aux environs de la ville montrent, dans la disposition de leurs jardins, dans l'agen-
cement de leurs terrasses, une recherche tout européenne.

A l'intérieur, même dissonance : des meubles d'acajou, des pendules sous des globes de verre, étalent leur
vulgarité près des murs couverts parfois de belles faïences anciennes et semés de fines découpures de plâtre.
Encore si le mobilier était complet, sa banalité serait
moins choquante, elle se noierait dans l'uniformité de
la note générale ; mais il n'y a là que les débris épars
des ventes aux enchères, et la cacophonie est criante.

Toutefois soyons indulgents, nous en usons un peu de
même en intercalant des objets orientaux au milieu de
notre ameublement moderne. Nous trouvons cela d'un
goût exquis; pourquoi dès lors reprocher aux fils de
Mahomet une faiblesse que nous partageons ?

Si nous voulons nous rendre compte de la vie arabe
telle qu'elle était avant notre conquête, c'est parmi les
prolétaires qu'il faut chercher nos exemples. Nous avons
introduit le lecteur dans une maisonnette de la Bouzaréah, dont les hôtesses mystérieuses se sont brusquement

éclipsées à notre approche. Seul, le maître de l'habitation nous a fait les honneurs de son modeste logis, et, en visiteurs indiscrets, nous nous sommes promis de venir regarder par la lucarne comment se comportaient les êtres de cette demeure silencieuse.

Tandis que le mari, la pioche à la main, met en valeur son mince domaine, les femmes vaquent aux soins du ménage ou s'occupent à ces menus travaux de passementerie que les commerçants juifs font exécuter à des prix dérisoires de bon marché.

Personne n'est inactif dans l'étroite chambre où nous avons déjà pénétré ; contrairement à l'idée qu'on s'en fait, les Mauresques ne restent jamais oisives ; il n'y a que dans les tableaux qu'elles prennent ces poses nonchalantes et suivent d'un bel œil endormi les spirales de la fumée du chibouck. Dans la réalité, le chibouck n'existe pas et le repos n'existe guère pour ces laborieuses créatures.

Par une convention tacite, en usage dans la plupart des familles pauvres, le travail du mari pourvoit à l'alimentation de tous, au payement du loyer, à l'habillement des enfants, mais ne contribue pas à la toilette de la femme. C'est à celle-ci d'aviser.

La coquetterie, dans tous les pays, est un excellent aiguillon, et, pour acquérir des vestes brodées d'or, des ceintures de soie, des pendants d'oreilles, des bracelets, des diadèmes et des anneaux de jambes, ces filles d'Ève s'attellent à un labeur incessant qui, pour douze ou quatorze heures d'assiduité, rapporte le maigre salaire de huit ou neuf sous, suivant la dextérité de l'ouvrière.

Dix ans suffisent presque pour réunir la somme nécessaire à l'acquisition d'un trousseau.

Le plus commun de ces ouvrages est une tresse à six brins, pour laquelle on emploie un métier des plus primitifs. Il se compose d'une planchette horizontale sur laquelle est cloué un montant vertical armé de poulies à sa base et à son extrémité supérieure. Une lanière, armée d'un contrepoids, passe dans ces poulies et retient une tresse que la traction des doigts ramène ou éloigne à volonté contre une tige de verre buttée dans la planchette. C'est sur cet obstacle que la passementière fait chevaucher ses fils et serre le point de son galon.

Dans l'intérieur que nous examinons, une femme déjà âgée, que ses compagnes appellent *aïma,* maman, est assise à terre devant un de ces métiers. Ses jambes nues jusqu'aux genoux et étendues droites devant elle, lui permettent de s'aider de l'orteil lorsque la tresse s'embrouille. Absorbée par son travail mécanique, et comme hypnotisée par la contemplation du point fixe qu'elle ne quitte pas des yeux, la tête droite, détachant le profil de sa face maigre sur la blancheur du mur, on dirait une figure mystique jouant d'un harpe invisible.

L'ouvrière, en effet, agite convulsivement ses mains aux doigts écartés, et entrecroise les ganses, tandis que le petit contrepoids, s'élevant et s'abaissant périodiquement, bat son rythme monotone.

A travers la porte entr'ouverte, donnant sur la cour que nous avons décrite, une silhouette plus gracieuse apparaît. Une jeune fille, une belle fileuse, est là debout, sur le bord de la jardinière en maçonnerie, dans une pose hardie de statue lampadaire, livrant, avec une insouciance d'enfant, l'ample beauté de son corps presque nu à la vive clarté du plein air. Les branches de l'oranger qui l'abrite frôlent sa nuque et laissent tomber sur elle une pluie d'ombre, dont le réseau mouvant l'enveloppe tout entière. Par un geste gracieux, elle élève audessus de sa tête la quenouille gonflée de soie floche, et tient suspendu, au bout des doigts de sa main droite, le fil auquel est fixée la bobine.

Son regard suit les rotations rapides du léger instrument, et son front incliné, déplace les plis flottants du foulard rouge qui emprisonne sa chevelure. Pour toute parure, elle a roulé autour de son cou un collier de fraîches fleurs de jasmin dont la triple rangée remplit presque l'échancrure de la chemisette aux larges manches de tulle. Un pantalon bouffant, en mince cotonnade, complète le costume, et, de la taille aux jarrets, coupe la ligne ondoyante du corps par la masse compacte de ses fronces.

Faisant contraste à cette figure si vivante et si jeune, une vieille femme, cassée, aux traits hébétés, au regard vague, est accroupie dans un angle de la cour. L'étoffe qui l'enveloppe ne laisse voir que les chairs jaunies et pendantes de sa face boursouflée. De ses doigts tremblants, elle compte des petits cailloux qu'elle fait passer d'une main dans l'autre en marmottant je ne sais quelle litanie sans fin.

Ne la dérangez pas, elle est folle. mais d'une folie si douce que les hôtes de l'habitation ne s'aperçoivent plus de sa présence.

C'est l'aïeule, elle mourra là, tranquille, quand elle aura fini de compter ses cailloux. Les Arabes ne renvoient jamais les fous de leur foyer, et les fous arabes ne sont jamais dangereux. Les médecins aliénistes n'ont pas encore passé par là.

Il nous reste à présenter au lecteur la maîtresse du logis, qui, seule au milieu de ses compagnes immobiles, s'agite et pourvoit aux soins du ménage. C'est peut-être

par elle que nous aurions dû commencer ; mais, quand
on pénètre dans une maison par la fenêtre, la première
chose que l'on renverse, c'est les lois de la bienséance.

LA FEMME ARABE

Dans une des plus jolies pages que l'Algérie ait inspi-
rées à un peintre qui, suivant l'expression de Musset,
« avait un joli brin de plume à son crayon », Fromentin
parle du charme pénétrant que lui causa un jour la voix
d'une femme d'Alger contant une longue histoire à un
marchand indigène.

L'artiste ne comprenait pas un mot de la conversation,
mais son oreille était bercée par le ruissellement des
gammes argentines qui s'envolaient en notes pressées des
lèvres de la conteuse voilée. Jamais il n'avait entendu
musique si harmonieuse, parler plus doux. « Ce que
j'admirais le plus, dit Fromentin, c'était le charme de la
voix si nette, si acérée et si constamment musicale de
cette femme. Quoi qu'elle dît, elle adoucissait les guttu-
rales les plus rudes et, qu'elle le voulût ou non, ses em-

portements les plus vifs s'enveloppaient de mélodie.
Même en éclatant, même en s'élevant aux intonations de
la colère, son gosier parfait ne rencontrait pas une note
fausse. J'écoutais comme on écoute une virtuose, d'abord
étonné, puis ravi, et ne me lassant pas d'entendre ce
rare instrument. Quelle était cette voix d'oiseau? »

C'était la voix d'une Mauresque d'Alger, d'une de ces
filles qui, sous les blancheurs de leur *haïk*, promènent les
grâces ondoyantes de leur corps et montrent aux passants ce qu'elles ont de plus beau en elles : deux yeux
noirs veloutés au regard calme et profond.

J'avais besoin de cet exorde pour donner au lecteur
une idée du gazouillement qui remplit l'étroit réduit
de l'habitation. Le travail n'exclut pas la causerie, et, si
occupé que l'on soit dans la modeste demeure, les langues
vont leur train comme en une cage de fauvettes.

Que dit-on? Rien de bien intéressant, car avec l'instruction qu'on leur donne, ou du moins qu'on leur
refuse, les femmes arabes ne peuvent s'entretenir que des
choses usuelles de leur vie monotone ou des cancans
rapportés du bain maure. Mais leur gaieté est prompte à
s'éveiller; à tout instant on peut entendre un éclat de
rire battre de l'aile par la chambre, posant son vol capri-
cieux sur toutes les lèvres.

Et ce n'est pas la moins rieuse, cette femme vive et

alerte, qui, dans un coin de la cour ensoleillée, active la
braise de son fourneau de poterie en agitant devant le
foyer une rondelle d'alfa tressé. Vêtue, comme sa sœur
la fileuse, d'un large pantalon aux fronces pressées et de
la chemisette aux manches de tulle, elle est là, accroupie
dans une pose de Vénus italienne. L'étroit corsage, dont
les deux lanières de soie coupent la gorge plutôt qu'elles
ne la supportent, découpe son petit carré de satin usé
sur les rondeurs du dos aux contours fermes que cares-
sent les plis du foulard où la chevelure est enfermée. A
l'aise sous ce léger costume, la ménagère prépare le repas
du soir.

D'abord elle songe au pain et verse dans le grand plat
de bois une partie de la semoule qu'elle tient en réserve
dans un sac de toile grise. L'eau d'une cruche ébréchée,
répandue par gouttelettes, va lui permettre de procéder à
la première manipulation de la pâte compacte où ses petites mains potelées laissent à tout instant l'empreinte de
leurs doigts.

Les galettes prêtes, elle les range dans une corbeille et
couvre le tout d'un lambeau de mousseline dont la blancheur irréprochable dénote la propreté et le soin méticu-
leux de l'ouvrière. Dans quelques heures seulement le
pain sera bon à mettre au four; mais, comme le four
manque, on fera cuire la pâte dans un plat de terre non
émaillée, procédé primitif par lequel on obtient un ali-

ment peu digestif ayant quelque analogie avec le mastic des vitriers.

Les repas des musulmans sont silencieux; c'est gravité, pense-t-on ; je pencherais plutôt à croire que le mutisme des convives est dû tout entier au genre de nourriture qu'ils absorbent. Mettez une bouchée de la galette dont je viens de décrire la fabrication entre le palais et la langue du plus bavard des dîneurs, et s'il prononce un mot, je consens à avaler la galette tout entière. J'en parle savamment.

J'assistai un jour à la *diffa* que nous faisait offrir un officier supérieur du cercle de Médéah, auquel un touriste de mes amis avait été chaudement recommandé. C'était un Parisien mettant à profit la première année de son émancipation et apportant sur la terre d'Afrique, avec ses vingt et un ans, la douceur et la timidité d'une fille. L'officier supérieur, enchanté de déployer devant deux étrangers les manifestations de sa toute-puissance, avait organisé en quelques heures une partie de chasse princière où plus de cent rabatteurs devaient prendre part.

D'excellents chevaux avaient été mis à notre disposition; plusieurs chefs indigènes avaient été convoqués et, après une journée de marche, nous étions arrivés au cœur d'une tribu dont j'ai oublié le nom.

Sept lieues de route avaient développé en nous un

appétit digne du festin qui nous attendait. Plats de couscoussou gigantesques, galettes fraîches, mouton rôti tout
entier, gâteaux de toute forme étaient servis sur l'herbe
d'une clairière où d'épais tapis marquaient la place des
convives. Chacun s'accroupit le plus commodément qu'il
put devant les mets fumants, et, notre amphitryon ayant
donné le signal, on commença.

Pour débuter, mon jeune ami eut l'imprudence de
mordre à pleines dents à la galette toute chaude qu'un
chef en grand costume, se faisant le serviteur de ses
hôtes, venait de lui offrir. Il luttait depuis quelques
instants contre la pâte récalcitrante, quand l'officier supérieur lui adressa la parole.

J'ai dit que mon ami était timide; il était, de plus,
parfaitement élevé, et, pour répondre à la question qui
lui était faite, il entama soudain avec sa bouchée de galette un de ces combats muets dont l'héroïsme n'a d'égal
que l'insuccès. Ses mâchoires fonctionnaient avec fureur,
sa face s'empourprait et le silence qui s'était établi laissait
percevoir clairement le bruit d'une mastication énergique.

Le questionneur distrait, croyant que sa demande
n'avait pas été entendue, la renouvela. Cette fois il fallait vaincre ou mourir. Les traits du patient se contrac-
tèrent, il allongea le cou, avança le menton et, dans un

effort suprême, avala en bloc la poire d'angoisse qui le réduisait au mutisme...

Il faillit étouffer.

Ses yeux grands ouverts, son visage convulsé disaient assez quelle imprudence il venait de commettre. Pourtant le silence régnait toujours et tous les regards maintenant étaient tournés vers ce mangeur farouche auquel la brusque apparition de la tête de Méduse n'aurait pas donné une physionomie plus épouvantée.

Enfin l'homicide bouchée, trouvant qu'après tout elle était dans le bon chemin, consentit lentement à descendre. Un éclat de rire général, auquel prit part le patient délivré, termina ce petit incident, moins dramatique que burlesque. La gaieté revint et chacun, armé de la cuiller de bois, attaqua le *couscoussou*.

On était au plus fort de la mêlée quand une autre mésaventure vint fondre sur mon malheureux camarade. Tandis qu'il ingurgitait consciencieusement les petits grains de pâte, semblables à du grain de chasse, je ne sais quelle drôlerie fut dite.

De tous les mouvements nerveux, le rire est celui que nous pouvons le moins contenir. Il s'empare brusquement de notre être, le secoue dans son joyeux accès sans se soucier des inconvénients qui peuvent résulter de son apparition subite. Ces inconvénients sont très graves, lorsqu'on a la bouche pleine, et deviennent tout à fait

5

fâcheux lorsque l'on est aux prises avec le *couscoussou.*

C'était précisément la situation de notre jeune Parisien quand la drôlerie prononcée arriva à ses oreilles.

Brusquement, sans crier gare, le spasme le saisit à la gorge et... et ma foi, il éclata comme un mortier chargé à mitraille. Du premier coup il atteignit en pleine figure les caïds majestueux assis devant lui; la seconde décharge, moins drue, fouetta le plat comme une poignée de grêle; puis, le tir baissant toujours, les derniers projectiles vinrent s'abîmer dans le gilet et la chemise entr'ouverte du rieur.

Pour un garçon timide, c'était mal débuter.

Qu'on me pardonne cette digression. J'avais besoin de produire un argument à l'appui de ma thèse et de prouver que si les musulmans mangent silencieusement, c'est que la nature de leurs aliments les y contraint. Il y a plus de corrélation qu'on ne croit entre la gaieté d'un peuple et son alimentation.

BEAUTÉ ET CUISINE

Pour les filles arabes comme pour les filles de tous les pays, le mariage est la grande affaire; mais, d'Occident en Orient, les préoccupations que ce grave événement fait naître dans les jeunes têtes diffèrent du tout au tout. Ici la femme a droit d'élection, elle est pensante et agissante, rien ne l'empêche de mettre en œuvre, pour captiver le cœur d'un fiancé, la grâce de son esprit et le charme de sa beauté. Là, c'est bien différent; éloignée systématiquement du contact des hommes, ne pouvant échanger avec eux ni un regard ni une pensée, elle ne doit compter que sur des qualités extérieures d'un ordre secondaire et d'une appréciation facile pour être préférée à ses compagnes.

Questionnez une pensionnaire de notre pays et demandez-lui ce qu'elle souhaiterait davantage si une

bonne fée, comme au temps des contes, lui offrait de
réaliser son désir le plus cher. L'une vous répondra que
son rêve serait d'être grande musicienne ou dessinateur
habile, l'autre voudra avoir la bouche plus petite ou les
yeux plus grands... Les réponses varieront à l'infini suivant la nature et l'éducation de celles que vous interro-
gerez.

Chez les musulmanes, une semblable épreuve révélerait
moins de divergences dans les idées : d'une seule voix
toutes demanderaient... à gagner de l'embonpoint, non
pour elles, grand Dieu! mais pour leur futur mari auquel
elles ne seraient pas fâchées de plaire.

Brid'oison, qui cependant n'avait rien à démêler avec
Mahomet, en plaçant la fo-ô-orme au-dessus de toute
chose, ne faisait qu'appliquer l'axiome qui préside au
choix des jeunes épousées parmi les indigènes.

Les Arabes sont gens positifs à l'excès; non contents
de pouvoir posséder quatre femmes, ils aiment assez que
chacune d'elles en vaille quatre par l'ampleur de sa personne. Se souciant peu de la qualité, ils sont intraitables
sur le chapitre de la quantité.

La conséquence immédiate de ce goût peu poétique
est de lancer le sexe faible à la poursuite d'un embonpoint prématuré. Un pareil idéal est lié intimement à la
question de l'alimentation et, de là à l'exercice de l'art

culinaire, il n'y a qu'un pas. Aussi, grattez la femme arabe, vous trouverez le cordon bleu. Elle est encore enfant, que déjà elle possède la science nécessaire à la mise en valeur de sa beauté corporelle; au besoin elle pourrait s'empâter elle-même; niez après cela les bienfaits de l'éducation.

Développer la pléthore chez une fiancée en pleine fièvre de croissance n'est pas chose commode. On y arrive pourtant par un régime sévère : absence complète d'exercice et excès de nutrition. Grâce à l'application de ce système, on obtient des boulottes de onze à douze ans qui se dégonflent tout à coup après les fatigues de la maternité et paraissent vieilles avant l'âge.

Les Mauresques d'Alger, surtout, deviennent de très bonne heure habiles à préparer les mets de toute sorte; l'instruction qu'elles reçoivent se borne à peu près là, et il faut convenir que leur esprit se montre peu rebelle à ce genre de perfectionnement.

J'ai déjà dit que la cuisine arabe était d'une complication extrême; toutefois il est juste de convenir qu'elle ne réclame pas une installation bien coûteuse. La dernière de nos maritornes ne saurait se contenter, pour préparer le repas le plus simple, des ustensiles primitifs dont se servent les ménagères indigènes.

Nous avons vu avec quelle simplicité l'hôtesse de la

maisonnette où nous avons pénétré procédait à la fabrication de son pain. La voilà maintenant aux prises avec
le plat fondamental des musulmans : le *couscoussou*.

Si j'ambitionnais la succession du baron Brisse, de
cuisinante mémoire, je pourrais ici vous indiquer dans
les détails les plus minutieux, comment la semoule, sous
des mains expérimentées, se transforme en grains ronds
et réguliers ayant un peu l'apparence et la grosseur du
millet. Je dirais comment on fait sécher la pâte, comment on l'accumule dans une sorte de calotte en terre
percée de trous, comment ce récipient s'adapte à la
partie supérieure d'un vase à demi rempli d'eau ; j'expli-
querais longuement que la vapeur de cette eau en ébulli-
tion traverse la masse des grains et parvient à les cuire
sans les agglomérer, mais tout cela m'entraînerait à
écrire le chapitre d'un livre de cuisine dont la nécessité
ne se fait pas impérieusement sentir.

Au lieu de nous attarder à la rédaction de ces savantes
recettes, mieux vaut suivre les mouvements gracieux de
celle qui les met en pratique.

Tantôt animant le foyer d'un souffle qui gonfle ses
joues roses, ou maniant avec dextérité le petit paillasson
dont chaque battement effarouche une volée d'étincelles,
tantôt pilant entre ses jambes croisées quelques épices
aux reflets rouges ; parfois accroupie, parfois debout,

jamais assise, elle s'agite au milieu de son petit laboratoire avec une gaieté d'enfant et une vivacité d'oiseau.

Propre comme une hermine, vous ne vous douteriez jamais, à la blancheur de ses vêtements, à la netteté de ses mains, qu'elle se livre aux fonctions où nos marmitons se barbouillent.

Passe-t-elle d'une préparation à une autre?.. vite, elle court à la cruche ébréchée qui lui sert de fontaine et à la tasse remplie de savon noir.

Ah! le savon! quelle ressource pour ces cuisinières méthodiques! Aussi, à quoi ne l'emploient-elles pas! Elles en frottent le fond des plats où elles font cuire certaines pâtisseries; elles s'en servent pour nettoyer leur viande et leur poisson, et, comme si ce n'était pas assez de tels abus, elles trouvent naturel de s'en remplir la bouche après le repas pour débarrasser leurs lèvres de toutes les impuretés de la nourriture.

Ces gracieuses aiguières en cuivre ciselé, que l'on voit un peu partout aujourd'hui chez les marchands de curiosités, ont, dans le pays où on les fabrique, l'usage peu poétique de nos rince-bouches. Pleines d'eau tiède, on les fait passer aux convives avec le bassin qui leur sert de support, et chacun, puisant dans une soucoupe une parcelle de savon noir, se lave consciencieusement les mains et les dents avec un sérieux que ne parvient pas toujours à garder le spectateur européen.

On est cependant moins disposé à rire de cette coutume singulière, quand on songe à la simplicité toute
primitive des ustensiles de table dont disposent les
musulmans. Leur industrie n'a produit jusqu'ici qu'une
cuiller en bois, large et peu profonde, qui sert plutôt à
tirer les morceaux des plats qu'à porter ces morceaux aux
lèvres.

C'est incommode, mais cela suffit quand les doigts
font office de fourchette et que les incisives remplacent
les couteaux. Ajoutez à cela l'absence de serviettes, et
vous reconnaîtrez qu'une toilette un peu sérieuse est
nécessaire après la plus légère collation.

On connaît l'anecdote de ce chef indigène invité à
Compiègne sous l'Empire, et qui, pour honorer ses hôtes,
avait appris préalablement à manger à la française. Un
mois d'étude l'avait si bien familiarisé avec cet exercice,
que, tout en répondant aux questions que lui posait l'interprète, il saisissait délicatement entre le pouce et
l'index chaque bouchée de poularde et l'enfonçait dans
sa fourchette avant de la faire disparaître. Le pain était
traité avec les mêmes égards et par les mêmes procédés.
Quand on se civilise, il ne faut pas faire les choses à
demi.

Revenons à notre intérieur arabe, où le dîner fumant

est prêt à être servi. Une table ronde élevée de quelques
centimètres reçoit les mets autour desquels viennent
s'accroupir tous les membres de la famille. Le jour a
complètement disparu, et la haute lampe de métal éclaire
de sa flamme fumeuse le groupe des convives. Nous
avons esquissé chaque physionomie et nous pourrions
nous dispenser d'examiner le tableau que nous évoquons,
si deux beaux enfants au teint brun, aux traits calmes,
n'étaient venus se joindre aux personnages que nous
connaissons.

L'enfant arabe offre un type que ne rappelle en rien la
mine éveillée et joyeuse de notre bambin français.
Autant celui-ci est turbulent, autant celui-là est tranquille et grave; on dirait qu'il a conscience du rôle que
joue l'homme dans la société musulmane : même devant
sa mère, il est majestueux, j'allais dire imposant. Aussi
le traite-t-elle avec un respect qu'elle est loin d'observer
à l'égard de ses filles. Dès le maillot, le fils a son rang
bien marqué dans la famille, et, comme s'il comprenait
sa supériorité sur la troupe subalterne des femmes qui
l'entourent, jamais il ne crie ou ne pleure. Plus grand,
il ne joue pas et, s'il s'abandonne au plaisir, c'est sans
vivacité, sans éclat de voix; partout il porte avec lui la
dignité de sa petite personne. Cette réserve, qui serait
burlesque chez nos gamins, semble chez lui toute natu-

relle; elle s'harmonise avec la beauté mâle de ses traits, avec l'expression résolue de son regard.

Quel dommage que le fanatisme et l'ignorance fassent produire de si pauvres fruits à de si belles graines!

LES BOURRIQUOTIERS

Le mot n'est pas français, il n'exprime pas non plus une chose française. C'est le droit des pays nouveaux de créer pour leurs besoins personnels des expressions nouvelles, n'en déplaise au *Dictionnaire de l'Académie.*

J'aurais pu cependant traduire ce titre en langage usuel et écrire : *les Conducteurs d'ânes à Alger*; mais pourquoi, dès la première ligne, s'embarrasser de périphrases?

De tous les types que la civilisation n'a pu modifier en Algérie, le *bourriquotier* est le plus frappant. Tel il était au temps de la domination turque, tel il est resté. Ses mœurs, son costume, l'industrie qu'il pratique, n'ont pas varié d'une nuance depuis la conquête.

Enfant de l'oasis du Mzab, il apporte au milieu de

nous sa sauvagerie et ses bras robustes. Que lui importent
nos coutumes, nos procédés, nos lois et notre langage !
Il n'a cure de tout cela. Son rêve, son espoir, c'est le
retour dans la tribu, c'est la maisonnette basse, faite de
boue sèche qu'abrite une touffe de palmiers. Aussi avec
quelle ardeur il travaille pour conquérir les quelques
centaines de *douros* nécessaires à son indépendance!
Quatre ou cinq ans de dur labeur, et sa sacoche de
cuir est pleine. Alors, adieu Alger et ses monotones
arcades! adieu les rues pavées et les routes poudreuses !
Il gagne le plein air, l'immensité. Ah! de quel pied léger
il entreprend le long voyage qui ramène à la patrie.

Les Mzabites sont nombreux dans les villes du littoral.
Intelligents et actifs, ils s'entendent au commerce, s'organisent en sociétés et livrent aux Israélites, sur le terrain
du négoce, une lutte où ceux-ci ne triomphent pas toujours. Certaines industries forment entre leurs mains de
véritables monopoles; c'est ainsi qu'ils ont accaparé les
transports par âne que nul n'ose entreprendre après eux
tant il se contentent de gains modestes et découragent
toute concurrence par leur infatigable persévérance.

C'est un rude métier que de pousser devant soi le
troupeau aux longues oreilles, non qu'il soit indiscipliné,
grand Dieu! car les pauvres animaux qui le composent
sont l'image vivante de la docilité et de la crainte, mais

il faut charger les matériaux, les conduire sous un soleil brûlant ou sous des averses diluviennes dans des endroits escarpés, que les charrettes ne peuvent aborder.

La bête souffre, mais l'homme non plus ne ménage pas sa peine. Si âpre que soit cependant la besogne, cela n'entame en rien la gaieté ni l'insouciance du conducteur.

Tantôt à pied dans la poussière, stimulant ses *bourri-quots* qui trébuchent sous leur fardeau, tantôt perché sur la croupe de l'un d'eux, et les ramenant à vide, il chante à tue-tête un air monotone qu'il interrompt souvent pour lancer le cri strident : *arri!* au bruit duquel détale toute la bande.

Le bourriquotier n'a pas l'âme tendre; armé d'un bâton à peine flexible, il frappe à coups redoublés sur les retardataires de la troupe et ne tarde pas à marbrer leurs cuisses maigres de blessures sanguinolentes. C'est toute l'amélioration que la société protectrice des animaux a pu obtenir après des démarches et des plaintes sans nombre.

Autrefois les Mzabites ne frappaient jamais; ils piquaient. Un bâton plus court, à l'extrémité duquel était enchâssée une pointe de fer, leur servait d'aiguillon, et cet instrument barbare labourait sans cesse la croupe

de leurs victimes. L'instrument de torture a changé,
mais le traitement est toujours aussi cruel.

Cependant la physionomie de celui qui l'applique
respire tout autre chose que la férocité. Sous sa peau
hâlée, presque noire, s'étale un bon sourire et perce un
franc regard. Il va gaiment son chemin, la tête enveloppée
dans un haillon de cotonnade, le corps enfermé dans un
sarrau de toile ou de laine taillé comme un sac, battant
de ses jambes nues les flancs de sa grêle monture.

. S'il marche, ses pieds s'enfoncent dans la poussière
tandis qu'il porte à la main les babouches que tout
musulman économe ne chausse qu'exceptionnellement.
Rien de plus mobile que cette chaussure, on la met
et on l'ôte vingt fois par jour pour les motifs les plus
futiles.

Si chaque partie du vêtement joue un rôle dans le
costume au point de vue de la sociabilité des individus,
on peut dire que la babouche est pour l'Arabe ce que le
chapeau est pour nous. Entre-t-il dans une maison, dans
un café ou dans une mosquée, il laisse ses souliers au
vestiaire ; c'est dans les mœurs. Suit-il un chemin fatigant, il prend ses souliers sous son bras. Il faut bien
qu'un peuple, dont le couvre-chef est fixé à la tête par
tout un système d'étoffe et de corde, puisse marquer
son respect à l'égard d'autrui d'une manière quelconque.

Or, dans l'habillement oriental, ce qu'on peut le plus facilement enlever, c'est la babouche; aussi en joue-t-on à tout instant.

Revenons aux bourriquotiers et disons quelques mots de l'organisation qui fait leur force. Ceux que nous avons vus sur la route ne sont, à tout prendre, que des gens à gages au service d'entrepreneurs, Mzabites comme eux et pouvant disposer d'un petit capital.

Suivant leurs ressources, ils achètent quatorze, vingt-huit ou quarante-deux bourriquots; plus parfois, mais toujours un multiple de quatorze, car l'escouade régle-mentaire, capable de transporter un mètre cube de matériaux quelconques : sable, chaux ou pierres, s'élève à ce chiffre. Cette escouade est conduite par quatre hommes qui sont chargés du soin, non seulement d'en-tretenir leurs ânes, mais de mettre constamment en état le bât et le double coufin qui constituent le harnachement de chaque bête.

Le harnais est des plus primitifs : une corde enroulée autour du cou de l'animal et formant collier. Veut-on mettre la bête en position pour être chargée ou déchargée, c'est par là qu'on la saisit; quand elle résiste à la traction, le conducteur s'en prend sans façon aux oreilles ou à la queue, moyen de persuation irrésistible.

On prétend que, pour rendre les animaux dociles, il faut

les réduire par la famine ; c'est le moyen qu'emploient,
paraît-il, les dompteurs, c'est aussi le procédé dont se
servent les Arabes à l'égard des malheureux quadrupèdes qu'ils conduisent. Ceux-ci, en effet, ne mangent
que la nuit, une fois mis au repos dans le lieu qui leur
sert d'écurie.

Là, ils ont une ration de son et jamais d'autre nourriture. A trois heures du matin ils partent à l'ouvrage et
rentrent à la tombée de la nuit. Durant tout ce temps ils
peinent et ne se nourrissent point.

Pourtant il y a parfois des aubaines : les bourriquotiers, de dix heures à une heure, font la sieste, et
quand une course les conduit dans un jardin ou dans un
champ, maître Aliboron tond encore du pré la largeur de
sa langue. Quelques chardons, des broussailles rabougries
des brins d'herbes desséchés, tel est la maigre pitance
que l'Algérie, en ses mois de sécheresse, offre à la gourmandise des pauvres bourriquots.

C'est peu, mais c'est assez pour ces sobres animaux,
qui, semblables au cheval dont Gautier à décrit la
maigreur dans *le Château de la misère*, semblent
n'avoir jamais été nourris que de cercles de tonneaux.

Cela ne les empêche pas de fournir un dur labeur, car
on ne les emploie guère que lorsque l'escarpement des

côtes ou l'impraticabilité des chemins rend tout autre moyen de transport impossible.

C'est par eux que les matériaux avec lesquels toute la haute ville a été construite furent apportés. Quel pied autre que le leur aurait pu se risquer sur les pavés étroits et glissants de ces ruelles, échelonnées comme un immense labyrinthe et formant les marches d'un escalier sans fin.

Même encore de nos jours une quantité de constructions importantes ne peuvent être approvisionnées que par ce moyen. Mais il ne faut pas croire pour cela que les propriétaires aient le droit de choisir, parmi les Mzabites qui se chargent des transports, ceux qui leur paraissent le plus recommandables.

Non, le bourriquotier ne vous appartient pas, c'est vous qui lui appartenez bel et bien, et cela est si vrai qu'il vous vend à votre insu sans que vous ayez le pouvoir de protester; son successeur vous possède jusqu'à sa mort, jusqu'à la vôtre. Vous êtes son client, sa chose à partir du moment où pour la première fois vous avez fait appel à ses services; aussi longtemps que vous durerez, le marché intervenu tacitement entre lui, ou son prédécesseur et vous, subsistera.

Ne cherchez pas à vous affranchir de cette tyrannie, vous ne le pourriez pas. Afin de combattre les funestes

effets de la concurrence, ces despotes en burnous se sont
entendus pour ne jamais empiéter sur le terrain d'un
collègue. Cette loi est rigoureusement observée, et quels
que soient les avantages que vous puissiez faire à l'un
d'eux pour remplacer le fournisseur dont vous croyez
avoir à vous plaindre, vous pouvez être assuré de son
refus. Un acquiescement, même dissimulé, entraînerait
la déchéance commerciale du spoliateur parmi les membres
de la corporation.

Grâce à ce système, les bourriquotiers se maintiennent
et se maintiendront encore longtemps; on subit leur joug
en se plaignant, mais on le subit.

Au reste, avouons qu'ils sont indispensables à une
population qui a le bon esprit de ne pas toujours
se grouper autour des routes poudreuses et des chemins
battus.

Tant qu'il restera à Alger de sages mortels désireux
d'abriter leur repos dans les sites charmants et inaccessibles des coteaux de Mustapha et du Frais Vallon, il
faudra bien que les Mzabites, poussant devant eux leurs
dociles ânons, portent les pierres et tous les matériaux
sans lesquels aucune maison ne s'élève.

LA FÊTE DES FÈVES

Après quinze ans d'oubli, les nègres d'Alger ont célébré de nouveau l'an dernier la fête des Fèves, l'Haïd-el-Foul, qui ne vivait plus dans le souvenir de nos compatriotes que par la belle description de Fromentin. L'écrivain, dans son récit vigoureux, avait beaucoup emprunté au peintre et le tableau qu'il avait tracé pouvait faire déplorer la disparition de cette cérémonie bizarre. Dans un cadre magnifique, l'auteur d'*Une Année dans le Sahel* nous avait montré une saturnale digne du paganisme. Deux ou trois mille femmes, vêtues de draperies rouges éclatantes, couvertes de bijoux, livrant au grand soleil leur visage d'ébène, allaient et venaient au milieu de groupes de danseurs affolés. Festins, musiques, cris et rires avaient pris sous la plume du narrateur la sauvage ampleur des fêtes disparues, et

l'on ne pouvait s'empêcher de regretter, à la lecture
de si belles pages, qu'un tel spectacle ne s'offrît plus aux
Algériens.

Mieux eût valu rester sur ce regret. Aujourd'hui l'illusion n'est plus possible, l'Haïd-el-Foul a eu lieu, et l'on
est obligé d'avouer que si le peintre n'a pas tout tiré de
son imagination, la population noire a perdu le secret de
ses fastueuses réjouissances d'autrefois.

Voici, du reste, dans tout son réalisme, en quoi consiste la cérémonie. Qu'on me pardonne d'opposer à la
toile du maître, ruisselante de lumière et de couleur, un
croquis à la plume pris d'après nature; mais il n'est pas
donné à tout le monde de créer, les humbles doivent se
borner à reproduire.

Dès neuf heures du matin, une bande d'une trentaine
de nègres et de négresses débouche sur la plage, au son
d'un orchestre assourdissant exclusivement composé de
longues castagnettes en fer et de grosses caisses. En tête
du cortège marche un taureau efflanqué, couvert de
lambeaux d'étoffe de soie et de chapelets de coquillages.
Un homme le traîne péniblement et ne lui épargne pas
les bourrades à chaque tentative de rébellion. Derrière
viennent, sur une même ligne, six à sept femmes, vieilles
et ridées, vêtues du *haïk* bleu traditionnel, les pieds et
les jambes nus, portant à la main de petits fourneaux

où, de temps à autre, elles jettent des parcelles de benjoin. La gravité de leur attitude leur donnerait un air de
prêtresses si leur laideur et leur accoutrement ne les
faisaient, de préférence, comparer aux sorcières de
Macbeth.

Après, paraît l'*Amin*, chef de la corporation; sa haute
taille et ses traits accentués ne manquent pas de distinction. Une fine barbiche grise tranche sur la peau aux
reflets de bronze et commande le respect, que, du reste,
on ne lui marchande pas.

Ce personnage, un peu majestueux, précède le drapeau, sorte de loque en cotonnade rouge et violette, dont
la hampe supporte quelques chiffons de différentes
nuances; un ornement en fer-blanc, surmonté d'un croissant et d'une étoile, complète cette relique destinée uniquement aux grandes cérémonies.

Enfin arrivent les musiciens, frappant à coups redoublés de leur bâton tordu sur leurs tambours énormes, ou
heurtant leurs castagnettes de fer, les mains légèrement
élevées dans la pose des magots chinois.

Autour de cet orchestre, jouant sans mesure et avan-
çant sans ordre, cabriolent quelques négrillons et suivent
quelques curieux. C'est une mauvaise réduction du bœuf
gras; mais le nègre est un grand enfant qui s'amuse de
peu, et la satisfaction rayonne sur ces bonnes figures au
nez épaté et aux lèvres épaisses.

Tout en cheminant au bord de la mer, le cortège arrive en vue d'une petite crique où une cinquantaine de Mauresques voilées attendent les nouveaux arrivants. On échange les *yous-yous* les plus aigus que gosier humain puisse produire, puis les deux groupes se réunissent et l'on fait halte.

Le lieu du rendez-vous est connu, car, de tous côtés, débouchent des matrones portant sur leur tête des coufins de provisions. Quand la foule est un peu plus nombreuse, le vacarme des instruments reprend de plus belle ; les brûleuses d'encens, assises en cercle, alimentent leur foyer et prodiguent le benjoin au point d'en rendre l'air irrespirable; quelques fanatiques viennent pencher leur tête sur les fourneaux et puiser là une ivresse qui doit participer beaucoup de l'asphyxie. Puis les danses s'organisent, les femmes debout et agitant leur mouchoir piétinent sur place en dandinant leur corps massif, les hommes se baissent, parcourent accroupis un certain espace, puis se relèvent d'un bond en pirouettant sur eux-mêmes avec des gestes d'une brusquerie sauvage.

Pourtant le moment solennel approche, on va immoler la victime, car cette fête qui célèbre le printemps s'accomplit avec du sang. On entoure le taureau, on lui fait respirer le benjoin incandescent, on s'incline devant lui avec tous les signes du plus profond respect, puis on lui

campe un couteau dans la gorge, et la doyenne des matrones, puisant à la blessure ouverte, asperge l'assemblée
soudain plongée dans le plus grand recueillement. Cela
fait, chacune des assistantes prend dans le creux de la
main quelques gouttes du sang de l'animal, et lorsqu'il
est suffisamment caillé, l'enferme religieusement dans
une boîte apportée tout exprès. Quand les petites boîtes
sont refermées et serrées, on songe aux choses sérieuses :
le taureau est dépecé; coupé en fragments et distribué à
l'assistance. Alors on se sépare, les groupes se forment,
on improvise des fourneaux entre deux pierres, on sort
des coufins les ustensiles culinaires, et trente cuisines en
plein vent mélangent bientôt leur fumet au parfum de
l'encens. C'est le seul instant où le tableau soit pittoresque.

Après le repas les danses et le tumulte recommencent,
on fait la quête parmi les Européens que la fête a attirés,
et quand on est saturé de mouvement, de nourriture, de
bruit et de grand air, on regagne la ville à la débandade,
enchanté d'avoir tué le taureau sacré, et surtout de l'avoir
mangé, car de tous les péchés mignons, la gourmandise
est celui que le nègre se pardonne le plus volontiers, et
satisfait le plus rarement.

LES MORTS

C'est un curieux spectacle pour un étranger que celui d'un enterrement arabe. Quand il croise pour la première fois sur son chemin un de ces cortèges bizarres, il ne peut s'imaginer, s'il n'est prévenu, qu'il assiste fortuitement à une cérémonie funèbre. Nous sommes si bien accoutumés à unir l'idée du recueillement à l'idée de la mort, que le bruit et l'animation nous paraissent déplacés autour des cercueils.

Pour les indigènes il n'en est pas ainsi et nul d'entre eux ne s'en irait paisiblement dans l'autre monde si un char, si beau qu'il fût, le portait à sa dernière demeure. Fi! de l'étroite boîte dans laquelle on vous enferme et du corbillard empanaché! Fi! des croquemorts lugubres et du froid appareil déployé autour du défunt! Fi! surtout de ces mines larmoyantes, de ces costumes sombres que prennent pour ce jour-là vos amis et vos proches!

Les fils de Mahomet ne comprennent pas les choses d'une façon si tragique.

Tenez, voyez plutôt cette troupe d'hommes en burnous qui courent sur le chemin : ne dirait-on pas à l'animation de leur visage, à la rapidité de leur démarche, qu'ils vont à une fête? Grands et petits, jeunes et vieux, prolétaires et bourgeois, se bousculent, se pressent dans une confusion singulière autour de l'étroit brancard où le mort est étendu. Le Prophète a dit : « Porter un mort est méritoire; celui qui le porte durant quarante pas se procure l'expiation d'un grand péché. » Or on a toujours un grand péché sur la conscience et l'on est bien aise de s'en procurer l'expiation. Aussi joue-t-on des coudes pour arriver au précieux brancard et, quand on l'a saisi, on tâche de le garder durant quarante pas. Malheureusement la concurrence est si grande que les privilégiés seuls et les robustes peuvent atteindre ce résultat. Les faibles et les petits voient sans cesse des épaules plus robustes leur enlever leur part de fardeau.

C'est un va-et-vient général, une cohue dont tout ordre est banni. Cette grappe humaine présente aux regards une agglomération singulière de physionomies affairées d'où émerge, sous le drap aux couleurs voyantes, la silhouette indécise du cadavre. La vie et le mouve-

ment, en contact avec l'éternel sommeil, forment là un
contraste trop brusque pour que l'œil d'un Européen
n'en soit pas choqué. Mais toutes coutumes qui ne sont
pas les nôtres ne nous paraissent-elles pas étranges et
condamnables ?

Cependant, après avoir été rudement cahoté, le trépassé
arrive au cimetière, où une fosse peu profonde a été
hâtivement creusée. Là, la foule agitée de tout à l'heure
devient grave, on ne touche plus le corps inerte qu'avec
des précautions infinies, et on l'étend au fond de la
tombe, la tête tournée vers la Mecque, en répétant la
phrase sacrementelle : « Au nom de Dieu, et au nom du
peuple soumis au prophète de Dieu. »
Les voix lentes qui psalmodient ce verset, l'attitude
recueillie de l'assemblée, la pose inspirée des vieillards .
dont la longue barbe blanche se confond avec les blancheurs du costume, forment un tableau qu'on n'oublie
pas. Il y a dans ces figures hâlées et énergiques, encore excitées par la course et soudainement assombries
par la cérémonie qui s'accomplit devant elles, dans ces
hommes turbulents, brusquement immobilisés autour
d'une tombe, quelque chose qui ne ressemble en rien à
la banalité trop fréquente de nos inhumations.

Au milieu du silence, le *tolba* le plus vénéré prononce

la prière des funérailles en élevant et en abaissant successivement les deux mains par un geste qui ne manque
pas de grandeur. Cette prière très courte est singulière
en ce sens qu'elle demande, non l'indulgence pour le
mort, mais des bienfaits pour les survivants.

« O mon Dieu! vous l'avez créé, vous l'avez enrichi,
vous l'avez fait mourir, vous devez le ressusciter, qu'il
soit auprès de vous un heureux intercesseur *pour sa
famille et les auteurs de ses jours.* »

Quand le *tolba* a fini, les assistants disent « Amine »
et, prenant chacun trois poignées de terre, les jettent
sur le corps en murmurant à chaque poignée les phrases
suivantes :

« Tu en as été créé. »

« Nous t'y faisons retourner. »

« Nous t'en ferons sortir. »

Cela fait, on place deux pierres droites au pied et à la
tête du mort, on juxtapose d'autres pierres de manière à
réserver un orifice permettant au défunt de *respirer*, et
on rentre dans la maison en deuil où un repas gargan-
tualesque attend les invités et les pauvres.

Durant trois jours, si la famille est riche, le couscoussou, les galettes et le mouton, les gâteaux et les sucreries
sont servis en abondance et distribués au domicile des
malheureux qui ne peuvent assister à ces libérales distri-

butions. C'est en prodiguant les aumônes qu'on augmente
le crédit du défunt auprès du Prophète, ce qui lui permet
alors d'intercéder plus utilement pour les membres de la
famille qu'il a laissée sur terre.

Le côté pratique, comme on le voit, n'est pas dédaigné,
et c'est toujours en faveur des vivants que l'on honore
les morts.

Les nécessiteux ne s'en plaignent pas, car la coutume
veut que le quinzième et le quarantième jour qui suivent
l'enterrement soient marqués encore par de copieuses
agapes auxquelles prend part un peu qui veut. A la fin
de ces réjouissances funèbres on « se sépare de la tombe »,
c'est-à-dire qu'on dispense les pleureuses d'aller se lamen-
ter au cimetière et que les hommes qui se sont fait raser
la tête et ont gardé le même vêtement en signe de deuil,
laissent repousser leurs cheveux et changent de burnous.

Les femmes enfermées à l'intérieur manifestent leur
douleur plus longtemps en renonçant aux parfums, aux
bijoux, aux teintures et en portant un costume de couleur sombre. Ce sacrifice n'est pas le plus grand qu'elles
font : à la mort de leur mari elles se déchirent le visage avec leurs ongles pour montrer qu'elles renoncent
à leur beauté.

> Combien de veuves dans le monde
> Ne voudraient pas en faire autant

et ont bien raison.

UN CIMETIÈRE ARABE

Le cimetière de Sidi-Abd-el-Kader, planté au milieu
de la verdure et des jardins du Hamma, ne les dépare et
ne les attriste en rien. Situé près de la route où les tramways conduisent les promeneurs au jardin d'Essai, il
garde son originalité et paraît aussi éloigné de la France
que si le drapeau turc flottait encore au haut de la Casbah
d'Alger.

Les Arabes, si jaloux du mystère, ont eu le bon esprit
de laisser entrer dans l'enclos réservé à leurs morts les
pleins regards, le plein soleil; et la curiosité, qui se fau-
file par le trou des serrures, recule ou reste indifférente
devant cette porte grande ouverte.

Aussi, c'est en toute liberté, et sans être l'objet d'un
examen imprortun, que les fils, et surtout les filles du
Prophète, se réunissent sur les tombes de leurs parents.

6.

Elles ne pourraient choisir, du reste, un plus charmant endroit pour causer de leurs affaires, parler de leurs intrigues et étaler leurs toilettes. C'est au pied des côteaux qui s'arrondissent au fond du golfe d'Alger que le cimetière de Sidi-Abd-el-Kader dresse la silhouette blanche de son fin marabout et les palmes de ses dattiers au tronc rugueux. Au milieu des herbes folles et des arbustes en fleurs, les pierres sépulcrales, éparpillées comme au hasard, ont grand peine à conserver un air de gravité. La plupart servent de banc à des groupes de visiteuses qui terminent un déjeuner champêtre.

La brise est douce, l'air tiède, les voiles sont suspendus aux branches des arbres et un haïk sert de nappes aux déjeûneuses. Pendant ce temps les oiseaux chantent, des pigeons familiers picorent les débris du repas et les confidences, les libres propos vont leur train. C'est vendredi, jour réservé aux femmes, on n'a que les morts pour témoins et on les honore en savourant avec délice les quelques heures de liberté que leur culte vous procure. Pourquoi des larmes, des vêtements de deuil? Est-ce que les *pleureuses* ne se lamentent pas pour vous, moyennant salaire, et n'est-ce pas assez d'entendre par instant les notes discordantes qu'elles poussent?

La journée est belle, aussi le monde afflue. Les petits omnibus, aux chevaux endiablés, amènent à tout moment de nouvelles promeneuses. On les voit arriver par volées de huit ou dix, perdues sous les blancheurs de leur costume, le pied chaussé de la babouche vernie, leurs longs yeux riants sous le voile, et ne révélant du mystère de leurs corps que la fine main chargée de bagues qui prend dans un pli du mouchoir les quelques sous dus au conducteur.

Un à un, lentement, ces fantômes gracieux descendent de la caisse roulante, la négresse en haïk bleu s'empare des provisions, les campe sur sa tête avec un beau geste de statue; les enfants s'accrochent aux plis du pantalon flottant, et la petite troupe disparaît dans le vert sentier pour être presque aussitôt suivie d'une autre toute semblable.

Une fois loin de la route, à l'abri des regards, on détache d'abord le mouchoir de mousseline qui cache le visage, puis les voiles tombent et les vestes de soie brodées d'or, les bijoux, les foulards aux couleurs voyantes apparaissent sous la clarté tamisée des ombrages et semblent de loin comme des fleurs vivantes se poursuivant à travers les tombeaux.

Tant d'insouciance et de gaieté dans un pareil lieu blesse le philosophe morose; cependant rien n'est plus naturel. Ces femmes constamment recluses, que la piété et la douleur amènent d'abord auprès des êtres qui ne

sont plus, peuvent-elles résister au double enivrement
d'une heure de liberté et d'une bouffée de brise pure?

Elles qui, dé la meilleure foi du monde, viennent là
pour pleurer le mort, comment ne se sentiraient-elles pas
emportées par la sève intense qui règne autour d'elles?
Ces plantes à la végétation exubérante, ces branches
chargées de feuillage, la douceur des rayons d'un soleil
printanier, les mille insectes qui se cherchent et s'appellent, les papillons qui volent, les colombes qui rou-
coulent, tout ne les invite-t-il pas à boire à pleines lèvres le breuvage de vie? Ceux qui sont sous la terre
n'en dorment pas avec moins de paix, et on peut bien
négliger les prières qu'on leur doit, puisque Sidi Kélil
a dit : « La prière ne peut profiter aux morts, elle n'est
utile qu'à ceux qui la font et c'est pour soi-même et
pour les siens qu'il faut formuler des vœux, car celui
qui n'est plus n'a que faire de vos lamentations, et vous
pouvez tirer profit de son intercession auprès du Prophète. »

Pourtant le jour baisse, et la lassitude est dans les
yeux ; le plaisir et le grand air fatiguent, et puis, on a
tout dit, tout entendu : médisances, cancans, historiettes
que la bouche confie à l'oreille et qu'un rire étouffé termine.

Les voitures sont là qui attendent, les cochers en blouse

de toile font claquer leur fouet en signe d'appel, et son-
nent ainsi à coups précipités l'heure du départ. On reprend les blancs vêtements, on rattache les mouchoirs,
les négresses rangent à la hâte les provisions dans les
paniers, puis les groupes se forment ; des files silen-
cieuses apparaissent à la sortie du cimetière et sont emportées bientôt au milieu d'un bruit de roulement vers la
ville où l'existence claustrale attend ces évadées d'un
jour.

MOSQUÉE ET PRÉTOIRE

Le prétoire est une dépendance de la mosquée ; la justice musulmane s'est humblement blottie sous la protection de la justice divine. Ceux que l'une ne satisfait pas peuvent recourir à l'autre, une large ouverture met en communication le tribunal suprême et le tribunal du cadi maleki. On y entre à toute heure, comme on veut, tantôt pour y prier, tantôt pour y plaider, souvent pour y dormir. Pas d'huissiers ou de bedeaux vous arrêtant au passage.

La mosquée, avec ses nattes épaisses, que nulle chaussure n'a jamais souillées, offre aux rêveurs et aux indolents un délicieux asile. Sous ce fouillis d'arcades dentelées, que supporte une légion de piliers, le repos paraît avoir installé son domicile. Non un repos mystique comme celui auquel invitent nos hautes cathédrales avec leurs ogives sans fin et la pâle clarté de leurs çierges, mais un repos tranquille, où la divinité et ses mystères épargnent à l'esprit ses troublantes interrogations.

Ici tout est terrestre, c'est-à-dire compréhensible, l'air que l'on respire n'est pas dénaturé par l'encens, la lumière que l'on voit n'est pas métamorphosée par le coloris des vitraux, c'est l'air vivifiant et la lumière pure que la nature prodigue au dehors à tous les êtres de la création. Là-bas, derrière ce moucharabieh, la mer étend à perte de vue l'ondulation de son azur, que rayent les voiles blanches des pêcheurs, et, sur la langue de terre que le flot borde d'écume, les fermes des cultivateurs apparaissent au milieu des plantureuses moissons. Rien du ciel dans ce tableau, mais un coin souriant de la réalité des choses. L'âme n'y perd rien.

A l'intérieur, une vaste cour dallée de marbre donne au soleil ses franches entrées. Des orangers vigoureux découpent sur le sol la dentelle de leur ombrage, tandis qu'un cep de vigne centenaire jette au hasard les fusées de ses pampres à travers les délicates ornementations de l'art mauresque. Les tiges folles courentle long des corniches, s'accrochent aux grilles ouvragées des fenêtres, enlacent les colonnes, mêlant partout le caprice de leur végétation au miroitement des faïences. Une fontaine, débordante d'eau limpide, berce de son clapotement régulier le silence contemplatif des fidèles, dont les silhouettes se détachent parmi l'entrecroisement des piliers. L'homme paraît à l'aise dans ce décor, le Dieu qu'il vénère ne l'écrase pas de sa toute-puissance, et c'est sans crainte et sans bravade qu'il se présente devant lui.

Chacun ici se livre, en dehors de toute règle, et de tout mot d'ordre, à l'accomplissement de ses devoirs religieux; le prêtre n'est jamais là pour diriger les dévotions des croyants. Ceux-ci agissent à leur guise. L'un prosterne son front contre terre, pendant que le voisin, la tête enfouie sous les plis du burnous, dort d'un profond sommeil; un troisième, le visage tourné vers la Mecque, les yeux sans regard, comme en extase, s'incline et se redresse dans une cadence rythmique, alors qu'à deux pas de lui un frère en religion, la mine affairée, applique l'effort de son attention et la dextérité de ses doigts à la recherche des hôtes indiscrets blottis sous son vêtement. Plus loin, près de la fontaine, les pieds nus sur la vasque de marbre, ceux-là procèdent aux ablutions d'usage au milieu d'un bruit d'éclaboussement, tandis que, accroupis dans les angles les plus sombres du vaste édifice, quelques fervents musulmans égrènent leur chapelet en psalmodiant les versets du koran. Indifférence et fanatisme font là excellent ménage.

Quittons-la mosquée et pénétrons dans le prétoire. Là

encore rien de solennel; pas de noirs fauteuils, pas de
table sépulcrale, pas d'huissiers rébarbatifs. La salle
d'audience, coiffée par un marabout blanc, ouvre sa large
porte sur une élégante cour égayée de faïences italiennes
et d'arbustes en fleurs. Un auvent, dont la charpente de
bois de cèdres aux membrures délicates et supportées par
deux fines colonnettes, abrite les plaignants et communi-
que directement avec la rue. C'est là, sur un banc de
pierre ménagé dans l'épaisseur du mur, que les maris
malheureux, les créanciers mécontents, les propriétaires
impitoyables attendent que justice leur soit rendue. Une
pièce spéciale est réservée aux femmes; par une lucarne
grillée elles peuvent, en collant leur visage voilé aux barreaux de fer, plaider elles-mêmes leur cause devant le cadi.

A droite de la cour, une vaste échancrure laisse le regard se promener sur la mer et sur les collines qui envi-
ronnent le golfe. Contre le parapet, très bas en cet endroit,
les scribes ont établi une façon de tonnelle où, sans autre
mobilier qu'un tapis, ils mettent au courant les écritures
de leurs volumineux registres. Leurs genoux leur servent
de pupitre; auprès d'eux la tasse de café refroidie sur
son plateau de cuivre et, la cigarette d'une main, le
roseau de l'autre, on les voit tracer avec nonchalance,
au milieu de grandes feuilles de papier jauni, les beaux
caractères de la calligraphie arabe. Une bouffée de fumée,

7

une gorgée de liquide, un beau panorama sous les yeux... ces sages ne demandent pas davantage. Quant au prestige qu'une telle simplicité de mœurs pourrait amoindrir, ils n'en font pas cas. Leur chef, du reste, leur montre l'exemple. Si vous arrivez avant l'audience, vous pourrez surprendre le cadi maléki, la serviette au cou, le turban dénoué, se faisant raser comme un simple mortel. La face barbouillée de savon, le nez pris entre les doigts de son barbier, il répond à ceux qui l'interrogent, saluant celui-ci, molestant celui-là, sans que son attitude singulière lui fasse perdre une parcelle de sa gravité. Le ridicule ne résulte pas des situations pour les Arabes, et, ces gens primitifs trouvent naturel qu'un magistrat se fasse faire la barbe en public. Quelle auréole resterait-il à nos juges s'ils en agissaient avec ce sans-gêne à l'égard de leurs justiciables?

Sa toilette faite, le cadi, couvert d'une gandourah vert tendre, va s'asseoir sur les coussins qui lui sont réservés au haut d'une estrade, d'où il domine les greffiers placés à ses côtés. Alors, au signal du chaouch, l'audience s'ouvre et les plaideurs sont appelés.

Les indigènes ne se servent pas d'avocats, ils expliquent eux-mêmes leurs affaires, mais il leur est interdit de rester debout devant la gandourah verte. Aussi, après avoir quitté leurs babouches au seuil du prétoire, se

précipitent-ils à genoux dans la pose la plus humble que
créature humaine puisse prendre. A peine s'ils osent
lever leurs regards vers le puissant personnage qui va
prononcer sur leur sort.

C'est dans cette attitude humiliée qu'ils exposent leurs
plaintes, et il faut reconnaître que la crainte ne les
empêche pas de s'exprimer avec une volubilité et une
facilité d'élocution que pourraient leur envier beaucoup
de nos stagiaires. Cependant, derrière la grille où sont
cantonnées les femmes, on voit la silhouette d'une tête
voilée s'encadrer dans l'intervalle des barreaux, tandis
qu'une petite main se livre aux gestes de dénégation les
plus expressifs. C'est la plaignante qui proteste, et tout à
l'heure vous allez entendre sa voix musicale entamer une
plaidoirie que coupera, sans égard pour un si beau discours, le prononcé du jugement. Le plus souvent, c'est
de divorce qu'il s'agit, et les rapports déjà aigris entre
les époux prennent devant le public une si véhémente
allure de langage, qu'on en vient à considérer la lucarne
grillée comme une institution de prévoyance. Sans elle,
beaucoup de ménages parmi lesquels le cadi a pu réta-
blir l'union, auraient donné à l'audience des preuves si
tangibles de leur désaccord, que le lien conjugal n'aurait
plus été réparable.

A part la faculté de consacrer les mariages et de les
dissoudre, faculté qui lui est exclusivement réservée, le

cadi maléki exerce, vis-à-vis de ses justiciables, les fonctions de juge de paix. Il est assisté de deux *bachadell,*
hommes savants, très au courant de la législation musulmane, et de plusieurs *adell* dont les attributions correspondent à peu près à celle de commis-greffier. Tout ce
monde vit paisiblement dans l'étroit local que le soleil
inonde, et si là, comme ailleurs, la justice est boiteuse,
elle ne cherche pas du moins à dissimuler son infirmité,
car elle vit au plein jour et en plein air.

UN BAIN MAURE

En parcourant les ruelles étroites que la pioche du démolisseur n'a pas encore atteintes, et qui ont seules gardé le caractère de l'ancien Alger, on rencontre parfois, au milieu des demeures, hermétiquement closes, une maison dont la porte reste constamment ouverte; à ce seul indice on peut affirmer que c'est la maison du bain maure. Une marche en marbre ébréché en garnit le seuil, quelques faïences au dessin disparate accompagnent le linteau en pierre de forme ogivale où, sous l'épaisseur des couches de chaux on distingue encore des vestiges de fines sculptures.

Si vous vous arrêtez le matin, avant midi, devant l'entrée de cet établissement paisible, vous y voyez nonchalamment pénétrer des hommes de haute mine au fin burnous et de pauvres diables couverts de vêtements sordides. Chez les Arabes, peuple aristocratique par excellence, le riche et le pauvre ont les mêmes habitudes, fréquentent les mêmes lieux, sans redouter une promiscuité dont notre démocratie ne s'accommoderait pas toujours.

Ne nous attachons pas davantage aux qualités des visiteurs, suivons-les.

Après avoir traversé un vestibule où quelques fumeurs silencieux, étendus sur des nattes, hument le café, on pénètre dans une salle spacieuse, largement éclairée. Une gracieuse fontaine en occupe le centre ; de petits divans fort bas, disposés le long des murs, invitent au repos, invitation à laquelle un musulman ne reste jamais insensible.

Le premier soin du client en arrivant est de quitter ses babouches et de chausser une sorte de mule armée d'une haute semelle de bois. Cela fait, il ne s'occupe plus de sa personne et la livre tout entière aux baigneurs. Nègres ou Mzabites, ce sont de vigoureux gaillards, presque nus, dont les muscles saillants et les mains nerveuses sont capables de délicatesses exquises. En un instant ils vous déshabillent et vous emmaillottent dans de longues bandes de toile d'une blancheur irréprochable.

Le patient, ainsi transformé, est entraîné dans une

chambre voisine où règne une température élevée, c'est
la première étape vers l'étuve. Après une courte station,
il est poussé dans une pièce plus chaude encore et gagne
enfin le sanctuaire où la principale opération va s'accomplir. C'est une vaste salle à l'atmosphère littéralement
étouffante, dont les plaques de marbre disposées en
banquettes abritent au centre le foyer de chaleur. Des
fontaines sont adossées aux parois latérales et dégorgent
l'eau chaude de leur robinet sur une large tablette de
pierre posée légèrement en saillie du sol.

C'est sur une de ces tablettes que le nouvel arrivant
est étendu après avoir été débarrassé des bandes de toile
qui le couvraient. Alors commence le travail des baigneurs ; ils s'emparent de leur victime et la pétrissent
comme un mitron fait de sa pâte. Bientôt le corps, sous
ces étreintes puissantes et sous la double action de l'hu-
midité et de la chaleur, atteint un tel degré de souplesse,
que les membres, dans les mains de ceux qui les manient, se prêtent aux flexions les plus bizarres, aux tor-
sions les plus invraisemblables. Un observateur qui, par
l'étroite lucarne d'où vient le jour, plongerait son regard
dans la vaste étuve, serait frappé de l'étrangeté du tableau.
En voyant ces hommes, demi-nus, penchés sur d'autres
hommes inertes et comme morts, il croirait assister à
quelque scène mystérieuse de torture. Le seul bruit que
l'on perçoive est le souffle haletant des masseurs, coupé

par le sourd craquement des muscles et des os. Les poi-
trines semblent se briser sous le poids des talons qui les
piétinent; les bras, violemment tirés, retombent le long
des flancs avec un claquement de chair mouillée; les
têtes, penchées sur les dalles, ont l'air sans vie. On dirait
des cadavres remués par de fantastiques tortionnaires.

Cependant aucune plainte ne s'échappe et même, en
prêtant bien l'oreille, on percevrait quelques soupirs de
satisfaction.

Lorsque l'Arabe a été suffisamment pétri, lorsque ses
articulations ont crié sous le poignet robuste du masseur,
il demeure étendu sur son lit de pierre sans faire le
moindre mouvement durant un quart d'heure environ.
Ce temps écoulé les baigneurs reviennent et procèdent
alors à l'opération du lavage. Après quelques frictions,
le patient disparaît sous une couche floconneuse de savon,
et quand il a été pris, tiré, retourné, frotté en tous sens,
ses deux bourreaux le saisissent et le portent sous une
douche d'eau pure.

La dernière opération est une friction avec un gant de
crin dont la rugueuse surface fait rapidement passer du
blanc au rouge l'épiderme le moins sensible. Pourtant le
bain touche à sa fin : l'homme est recouvert des bande-
lettes de toile dont on l'avait débarrassé, puis ramené
dans la pièce primitive où on lui restitue ses vêtements.

C'est là que va commencer la jouissance suprême. Chargé
de couvertures de laine, l'Arabe s'étend sur les divans
disposés tout exprès; on lui apporte la longue pipe nommée *sebsi*, et la tasse de café sacramentelle. La pipe
fumée et le café bu, une autre pipe et une autre tasse de
café leur succèdent.

Le musulman fait ainsi son *kief*, moment délicieux
fait d'engourdissement et de paresse où l'esprit flotte à
l'aventure, s'accrochant aux enroulements de la fumée
bleue et se perdant avec elle dans le néant.

Cette rêverie voluptueuse mène bientôt au sommeil.
Mais il n'est pas de bonheur durable en ce monde : midi
sonne, l'heure des hommes est passée; le bain va être
livré aux femmes. Hélas! il faut s'éveiller et partir en
laissant ses rêves derrière soi. Qui sait? Les retrouvera-
t-on?

LE PALAIS DE MUSTAPHA

Tandis que l'Élysée, durant les mois d'hiver, est sous la neige, que les grands arbres de son parc dressent vers le ciel gris leurs rameaux dévastés, que les parterres sont vides, les pelouses veuves de leur parure, ici, à Mustapha, les jardins s'enguirlandent de fleurs et de feuillage, et le palais d'été fait scintiller sous le plus gai des soleils ses revêtements de faïences italiennes, sa grande cour de marbre et les blancs marabouts de ses salons. Heureux les gouverneurs qui habitent cette somptueuse résidence.

Vivre dans un heureux pays constamment baigné de lumière et de tièdes brises, donner l'essor aux projets généreux, aux créations utiles, aider au développement d'une population intelligente, active, attacher son labeur et ses forces à l'œuvre gigantesque de la colonisation d'une contrée aussi grande que la France... quel plus beau rôle !

Les satisfactions attachées à ce poste unique sont si multiples, si vastes, que les privilégiés qui l'ont occupé pendant près d'un demi-siècle, se sont bornés à lui demander à peu près exclusivement les jouissances matérielles qu'il comporte. Ils ont vécu là, envahis par le bien-être de leur situation, laissant à de plus avides les joies autrement hautes de faire le bien et d'enfanter le beau. Encore ne nous plaignons pas de ceux-là ; peut-être doit-on même quelque reconnaissance aux gouverneurs passés qui, satisfaits du luxe de leur existence princière, se sont bornés à *cueillir le jour* sans entraver les aspirations de tous.

Situé à une lieue de la ville, à mi-pente des coteaux dont le cirque gracieux accompagne la rondeur de la plage, le palais regarde la pleine mer et embrasse la courbe sans pareille du golfe. A droite, le cap Matifou étend sa langue de terre brune que la vague borde constamment d'une collerette blanche ; à l'horizon, les montagnes de Dellys découpent sur le ciel foncé leurs silhouettes bleu pâle ; puis, pour fermer le décor, la chaîne de l'Atlas d'où surgissent les pics éblouissants de neige du Djurdjura. Enfin, plus près, la Mitidja, dont le tapis de verdure fait ressortir les masses sombres des bouquets d'eucalyptus, et, au premier plan, les jardins du Hamma.

A droite, le tableau est plus restreint, on ne voit que le profil heurté de la colline, où sont accrochées les maisons mauresques de la haute ville, puis les dentelures pittoresques de l'ancienne casbah, le fort l'Empereur perdu dans sa forêt de pins et ne montrant que les créneaux de ses lourdes murailles, au-dessous, les villas groupées en amphithéâtre devant le soleil levant.

On est bien pardonnable de mener la vie contemplative en présence d'un tel panorama.

La route, qui d'Alger mène au palais d'été, passe au-dessus des faubourgs et évite ainsi aux regards le spectacle peu récréatif qu'offrent d'ordinaire les abords d'une cité. La voie large et bordée d'arbres serpente sur le flanc de la colline et s'élargit en hémicycle devant la grille du palais. Des constructions de style mauresque flanquent l'entrée, elles servent de corps de garde et d'écurie au piquet de spahis chargé de transmettre les ordres du gouverneur. De gros palmiers, plantés lors du mariage de Mlle Chanzy, commencent à répandre leur ombre sur les bancs où flânent constamment quelques cavaliers indigènes. Leurs burnous rouges et leurs bas de cuir donnent au tableau une note originale et expliquent la présence des quelques chevaux attachés aux anneaux du mur. Ils font très bien dans le paysage, ces chevaux, blancs d'écume sous leur grande selle arabe.

Quand le pavillon tricolore flotte sur le palais, il ne se
passe pas d'instant qu'un messager n'arrive ou ne parte
bride abattue. On reproche à l'administration algérienne
ses trop grandes lenteurs; on pourrait croire cependant
qu'elle mène les affaires au galop à voir avec quelle hâte
elle échange ses messages. Il est vrai que tous les cavaliers ne sont pas porteurs de dépêches capitales car on
en rencontre quelquefois avec de simples cartons de mo-
diste, et ils n'en vont pas moins vite pour cela, en quoi
je les approuve. Quelle dépêche officielle aura jamais
l'importance d'une coiffure de femme ?

De la route on distingue la façade de l'habitation, avec
sa fine galerie mauresque dont les ogives légères reposent sur des colonnes de marbre. Une vaste allée sablée
permet aux équipages de venir s'arrêter devant le perron,
agrémenté de jardinières opulemment garnies. Cela a
tout à fait grand air.

Le confortable européen y est rehaussé par une pointe
de luxe oriental, qui donne à cette belle résidence un
laisser-aller plein de charme. Des plantes grimpantes,
aux couleurs vives, escaladent les murs et encadrent
sans façon les fenêtres, comme si elles avaient affaire à la
demeure d'un simple particulier; le soleil pénètre in-
discrètement partout, les fleurs débordent des massifs,
et n'était l'éternel factionnaire qui monte la garde à la

porte, on se croirait plutôt dans la villa d'un homme de
goût que dans le palais banal où tant de gouverneurs se
sont succédé.

LA TENTE ARABE

— La tente arabe! Mais nous la connaissons, direz-vous, ami lecteur! Horace Vernet nous l'a montrée vingt fois dans ses tableaux; la gravure l'a représentée sous toutes ses formes; enfin, comme renseignements plus exacts, la photographie l'a reproduite, tant et si bien qu'à la dernière Exposition, pas un Parisien ne traversait la section réservée à l'Algérie, au Trocadéro, sans s'écrier devant le modèle : — Mais j'ai vu cela quelque part !

Je croyais aussi la connaître, cette demeure primitive, et cependant en l'apercevant pour la première fois, plantée seule au milieu d'une immensité aride, ni les photographies, ni les tableaux d'Horace Vernet ne me revinrent en mémoire. Ceux-ci avaient bien éveillé ma curiosité, retenu un instant mon attention, mais l'impres-

sion profonde que je ressentais..., j’étais bien sûr de ne
pas l’avoir éprouvée encore.

C’était au-delà de Boghar, dans ces plaines sans fin
qu’un cri de souffrance a baptisées d’un nom fatal : *le pays
de la soif*. Le soleil de juillet achevait de brûler la maigre
végétation éparse sur un sol rocailleux ; des touffes de
broussailles rabougries marbraient de taches brunes l’uniformité jaunâtre du paysage désolé ; le ciel, rougi par le
vent du désert, se confondait à l’horizon avec la terre, où
pas un arbre, pas un toit, pas un chemin n’apparaissait
à perte du regard.

Pourtant, là-bas, comme un atome perdu au milieu de
cette morne solitude, un lambeau d’étoffe abritait une
famille humaine.

Pour nous, dont l’effort continuel tend vers la possession d’un foyer, le spectacle de la vie errante réveille
toujours un sentiment de tristesse. Nous ne comprenons
pas que l’homme aille ainsi à l’aventure sur la boule
ronde, portant avec lui sa carapace, insouciant du lieu
qu’il habite.

Vivre sans connaître le charme pénétrant des habitudes, ne pas sentir les liens profonds qui vous retiennent
au sol où l’on a grandi, au toit qui a protégé votre enfance, n’est-ce pas renoncer à ce que l’existence a de
meilleur ? Cependant des millions d’êtres ne connaissent

pas et ne connaîtront jamais ces joies intimes où l'a-
mour de la patrie prend naissance. Contraints par la
dure nécessité, ils marchent, marchent sans cesse,
fuyant devant la mort qui les menace, s'ils s'attardent en
chemin.

Quand les puits sont desséchés, quand les troupeaux
ne trouvent plus sous leurs pas que la terre nue et aride,
il faut bien remonter au nord pour chercher de nouveaux
herbages. Alors, le peuple pasteur abat les piquets de
ses tentes, charge pêle-mêle sur les chameaux dociles ses
hardes, ses ustensiles, ses provisions, et, poussant devant lui son bétail, il s'élance à travers les solitudes dé-
peuplées dont il se dit le maître et dont souvent il n'est
que la victime.

Mais, qu'un vent trop brûlant s'élève, détruisant les
maigres ressources végétales sur lesquelles on comptait
pour le retour, alors ce n'est plus l'émigration paisible
d'une tribu à laquelle on assiste, c'est la course affolée
d'une masse d'êtres vivants cherchant à échapper au désastre qui l'enveloppe.

Après ces fuites désordonnées, on peut retrouver la
trace de chaque étape, elle est marquée par les osse-
ments blanchis des animaux qui ont succombé sous
l'étreinte de la faim.

Mais qu'importent les souffrances endurées, quand les

premières pluies de l'hiver rendent aux plaines du sud
leur verte parure !

Comment garder rancune à la nature quand on la voit
redevenir féconde et que, devant vous, elle étale à nouveau la promesse de son abondance?

Déjà les brumes s'accumulent sur les montagnes, la
bise souffle froide, et là-bas, au loin, le soleil rit sur les
buissons en fleurs. Le moyen de résister à son appel ?

La tribu se remet en marche ; cette fois, ce n'est plus
l'angoisse qui l'accompagne, mais la joie et l'espérance.
Partout les pâturages abondent, les sources ont retrouvé
leur fraîcheur, les troupeaux repus disparaissent dans les
herbes hautes, les chevaux, lâchés en liberté, lancent dans
l'air leur joyeux hennissement, et, près de chaque tente,
une colonne de fumée bleuâtre monte vers le ciel comme
pour le remercier de verser tant de bonheur sur sa
créature.

Et dire que sur le littoral des malheureux sont enfermés dans d'étroites cabanes entourées d'un étroit jardin,
dont un labeur constant tire à peine le pain de chaque
jour. Ici, l'horizon est sans limite, la vie coule à pleins
bords ; l'homme n'a qu'à contempler et à jouir ; il se sent
libre et fort, la terre lui appartient.

C'est alors que l'Arabe regarde avec émotion le toit
léger qui lui permet de mener la vie errante pour la-

quelle il est fait et qu'il aime, en dépit de ses dangers et de ses incertitudes.

Fi des villes et des murs de pierre, où ses semblables pressent leur cohue remuante! Prisons que tout cela. Vivent l'espace et le plein soleil!

Vive la tente que l'on plante en vainqueur sur une terre inhabitée!

LES KHRAMMÈS

Le train d'Alger à Oran traversait à toute vapeur la
plaine du Chelif, cette lande désolée que la colonisation
transformera certainement un jour en champs fertiles.
Pas un vestige de village n'apparaissait à l'horizon ; seuls,
des groupes de tentes indigènes, entourées de broussailles épineuses, montraient que le pays était habité.
Les pluies d'octobre avaient déjà détrempé la terre, et les
Arabes commençaient leurs labours.

Nouvellement débarqué en Algérie, je plongeais un
regard curieux sur le tableau qui m'était offert. Le matin
même, en franchissant la Mitidja, j'avais admiré les progrès de l'agriculture française. Là, sur tout le parcours
de la ligne, des bœufs vigoureux, attelés à nos charrues
les plus perfectionnées, ouvraient de profonds sillons. Si
quelques palmiers n'avaient pas donné au paysage un ca-

ractère spécial, on aurait pu se croire dans quelque coin
de la Beauce.

Quel brusque changement de décor après quelques
heures de route! Maintenant, au milieu de cette solitude, on n'apercevait plus, de loin en loin, que de misé-
rables cultivateurs, bizarrement accoutrés, et grattant le
sol au moyen des engins les plus primitifs.

Tandis que le train ralentissait sa marche, je pus examiner à loisir un groupe particulièrement étrange. Un
pieu de bois ferré, fixé à une barre d'attelage, était mis
en mouvement par un âne aux côtes saillantes et par un
bipède dont je ne pus tout d'abord définir la nature.

C'était une femme couverte de haillons sordides, qui,
les jambes nues, le corps courbé en deux, les bras
ballants devant elle, rivalisait d'efforts avec son compagnon
aux longues oreilles. Celui-ci avait pour collier un lambeau d'étoffe grossièrement enroulé dans une corde d'alfa.
Les longues effilochures du tissu embarrassaient sa marche
et se confondaient avec les débris de voile de la pauvre
créature qui partageait sa rebutante besogne.

Ils allaient ainsi tous deux, la tête basse, se heurtant à
chaque cahot, tirant la lourde machine, subissant les
heurts de chaque obstacle, précipitant le pas comme dans
une chute quand le soc mal conduit sortait du sillon.
Derrière, l'homme, tenant à pleines mains l'unique
point d'appui, pesant de tout son poids sur le pieu

qu'il enfonçait en terre, excitait de la voix ses deux
bêtes de somme en suivant sa besogne d'un œil attentif.
Le burnous retroussé entre les jambes et retenu à la
ceinture, les mollets serrés dans des étuis de laine, le
front perdu sous les enroulements de la corde de chameau, ce laboureur étrange conduisait sa charrue à travers un dédale de pierres et de broussailles dont il con-
tournait soigneusement les abords.

— Qu'est-cela? dis-je à mon compagnon de route, qui,
comme moi regardait, mais sans y prêter la moindre
attention, la scène que je lui désignais du doigt.

— C'est un *khrammès,* sa femme et son âne, me
répondit-il, occupés à mettre en valeur le champ de leur
seigneur. N'en avez-vous donc jamais vu?

C'est un pauvre hère que le khrammès, toujours courbé
sous le faix, toujours peinant! Condamné par la faim au
travail forcé, il subit sa peine sans faiblir. De ce monde,
il ne connaît que les tristesses, les durs labeurs. Enfant
d'une race d'opprimés, il considère l'oppression comme
une loi naturelle, il l'accepte sans une plainte. Les siècles
passent, les peuples du Nord secouent leur joug, un
souffle d'émancipation court de l'Occident à l'Orient...
lui n'entend rien, ne sait rien, ne sent rien. Il appartient
à la glèbe, et ne tente pas un effort pour lui échapper.
Tels furent ses pères, tel il reste. Nos cinquante ans

d'occupation en Algérie n'ont pas modifié un atome de sa nature de serf.

Le khrammès est le paysan arabe; son nom signifie le *cinquième* et détermine la part à laquelle il a droit dans le produit des fruits de la terre. Moyennant le cinquième de la récolte, il laboure, sème, récolte, ne laissant au propriétaire que le souci de recueillir.

Celui dont l'activité a mis le champ en valeur, celui qui a ouvert le sillon sous les pluies de novembre et coupé les gerbes sous le soleil brûlant de juillet, doit à l'oisif, au maître, la meilleure portion de son bien. Tandis qu'en France le détenteur du sol partage avec son métayer, le musulman laisse à peine au travailleur les ressources nécessaires à son alimentation.

Encore si cette malheureuse fraction du cinquième lui revenait tout entière, le khrammès pourrait ne pas subir toutes les privations! Mais pendant que poussait la mois-son, il a fallu recourir à la générosité du propriétaire. C'est lui qui a avancé les quelques sacs de blé dont la famille s'est nourrie, c'est lui qui a prêté les quelques oboles que réclamait la vie quotidienne. De tout cela il est tenu bonne note, et, quand l'heure du partage arrive, il faut rendre au double et au triple ce que l'on a reçu. Ce n'est pas la loi, mais c'est la coutume; qu'y voulez-vous faire?

En Orient, on ne connaît pas de prêts sans usure; aussi
la récolte ne laisse-elle entre les mains de celui qui l'a
produite que quelques bribes sans valeur à peine capables de pourvoir à la subsistance des premiers mois.
Bientôt il faut de nouveau avoir recours au maître, trop
heureux d'accepter encore les dures conditions qu'il vous
impose. C'est ainsi qu'en Algérie se perpétuent les abus
les plus révoltants de la féodalité, et que, grâce à ces
abus, la partie laborieuse de la population est entretenue
dans une misère profonde.

Hélas! ce n'est pas nous qui remédierons au mal, car,
trouvant leur bénéfice à cette exploitation sans nom, la
plupart de nos compatriotes, propriétaires en territoire
indigène, trouvent commode d'adopter, pour la mise en
valeur de leur bien, le système musulman. C'est triste,
honteux même à dire, mais les Français usent des
khrammès sans plus de vergogne que les grands sei-
gneurs arabes.

ENCORE LES KHRAMMÈS

Les khrammès sont tous pauvres, mais tous ne sont pas réduits à un tel état de misère qu'il leur faille atteler leur femme à leur charrue. Disons-le, c'est même là la grande exception et, soit progrès des mœurs, soit amélioration du sort du travailleur, la plupart des laboureurs indigènes disposent aujourd'hui d'une paire de bœufs. Non des bœufs comme ceux de France, au large poitrail, à l'encolure énorme, mais de pauvres quadrupèdes efflanqués, de la grosseur d'un de nos veaux ordinaires; animaux paisibles auxquels la qualité de taureau n'enlève rien de leur docilité.

Dans les territoires où l'œil n'aperçoit pas vestige d'habitation humaine, où les champs, sans séparation et sans limite, n'indiquent pas la possession personnelle, on voit à cette époque de l'année, dès que l'aube permet de

8

distinguer les objets, les khrammès courbés sur leur besogne.

L'aiguillon d'une main, le corps penché de tout son
poids sur le bras qui dirige le soc du primitif instrument,
ils vont en tous sens, sans ordre et sans méthode, déchi-
rant la surface rugueuse du sol sur lequel ils ont jeté la
semence. D'où viennent-ils? On ne peut le deviner. Leur
brusque apparition au début du jour semble en faire des
êtres identifiés à la terre qu'ils cultivent. Le premier
sillon ouvert paraît les avoir engendrés, et le ton roux de
leur maigre attelage, la teinte grisâtre de leurs vêtements, le bois jauni de leur charrue, augmentent l'illusion et font croire à quelque enfantement spontané de la
nature en travail.

Dans le grand silence des matinées radieuses, où tout
ce qui existe frissonne d'extase devant les splendeurs de la
clarté, les cris monotones de ces rustiques laboureurs se
répercutent au loin troublant seuls le recueillement profond de la campagne.

Les indigènes ne connaissent pas l'emploi de la herse;
aussi répandent-ils le grain sur le sol avant de labourer.
Cette manière de procéder les oblige à ensemencer de
très petites surfaces, car les oiseaux feraient promptement
disparaître le blé destiné au sillon si le khrammès cessait
de le protéger. Il résulte de cette obligation un mode de

travail tout spécial qui consiste à tracer une circonfé-
rence dont on suit les bords jusqu'à ce qu'on atteigne le
centre. Quand un rond est terminé, on en entame un
autre, et c'est merveille de voir avec quelle docilité les
bœufs arabes se meuvent dans ces circuits sans fin sous
le commandement de celui qui les guide.

L'Arabe n'habite pas le domaine qu'il met en valeur;
son champ, le plus souvent, est distant de plusieurs
lieues de son habitation. Redoutant la solitude, les
khrammès se groupent sur certains points favorisés par
le voisinage d'une source ou par la salubrité de la situation. De là ils rayonnent sur les territoires qu'ils cultivent. Les chemins de la montagne leur sont si bien
connus, qu'au milieu des ténèbres ils se dirigent sûre-
ment. Familiarisées comme eux à leur besogne quotidienne, leurs bêtes les précèdent et ne s'égarent jamais
parmi le dédale des broussailles.

L'éducation fait des animaux indigènes les précieux
auxiliaires de l'homme.

Partageant la vie du maître, partageant même son
toit, le bœuf, l'âne ou le cheval, deviennent en quelque
sorte ses serviteurs intelligents. Ont-ils faim? ils vont
librement dans les massifs de lentisques ou dans les clairières des collines, chercher leur nourriture. Ont-ils
soif? ils descendent les pentes abruptes et vont boire au

prochain ruisseau. Après quoi ils viennent rôder autour
de l'enclos jusqu'à ce que le propriétaire réclame leurs
services.

Tout vit en liberté sous un gourbi arabe : moutons,
chèvres et poules en usent à leur guise comme les grands
quadrupèdes. Chacun sait à quelle famille il appartient,
et ne confond pas son gîte avec celui du voisin. Aussi,
dans ces masures couvertes de branches et d'herbes
sèches, voit-on entrer sans façon tous les hôtes de l'étable. Qu'une pluie survienne, c'est près du maître qu'ils
cherchent un abri. Leur grosse tête, au regard paisible,
vient s'encadrer dans l'ouverture de la pauvre demeure, et,
si une parole brutale ne les éloigne pas, ils entrent sans
façon prendre place autour du foyer. Leur refuse-t-on
l'hospitalité qu'ils réclament? d'un pas tranquille ils vont
gagner quelque épais fourré et s'y blotissent avec une
philosophie résignée.

A l'époque des labours, ces bonnes bêtes semblent
avoir conscience du rude travail que le khrammès doit
accomplir et l'aident de tout leur pouvoir. Les bœufs,
sans entrave, bien avant que l'aube ne paraisse, s'ache-
minent vers le sillon qu'ils ont laissé la veille; derrière
eux, dans l'étroite piste que leurs pas ont tracée, le bour-
riquot ou la jument, chargé des sacs de semence, de la

charrue et du joug, marche sans bride et d'un pas égal ; l'homme suit enfin, sa hachette à la ceinture, portant avec lui la nourriture de la journée tout entière enfermée dans une petite marmite de terre au fond de laquelle refroidissent quelques cuillerées de couscoussou ; une gargoulette remplie d'eau et une longue branche devant servir d'aiguillon complètent son bagage.

Arrivée sur le champ qu'elle doit mettre en culture, la petite troupe s'arrête, les sacs et les lourds instruments sont jetés à terre. Le porteur de cet encombrant fardeau est livré à lui-même ; il va, de compagnie avec les bœufs, cueillir les pousses nouvelles du buisson le plus proche, tandis que le maître, profitant du crépuscule, abat les tiges épineuses des jujubiers nains qui pourraient entraver son labeur.

Cela fait, et le jour grandissant, l'homme dispose l'attelage, saisit l'aiguillon, et, d'un bras vigoureux, enfonçant le soc de la charrue dans la terre, il donne par un cri le signal du départ.

LES NOUVELLES EN PAYS ARABE

Les Arabes n'ont pas de journaux; ils usent à peine de la poste, pas du tout du télégraphe, et cependant les nouvelles se propagent parmi eux avec une incroyable rapidité.

Voici comment.

Règle générale, deux Arabes qui se rencontrent s'arrêtent et, sans se connaître, entament la conversation suivante :

« Comment vas-tu?

— Moi, je vais bien; et toi-même ?

— Bien aussi; d'où viens-tu ?

— Je viens de tel endroit.

— Qu'est-ce qu'il y a et qu'est-ce qu'il n'y a pas? Qui as-tu vu, que t'a-t-on dit ? »

L'interrogé commence alors le récit des choses qui

peuvent intéresser son interlocuteur. Il répond méthodi-
quement à chaque question et se montre d'autant plus
prodigue de détails qu'il tient lui-même à être bien ren-
seigné sur les événements de la contrée où il se rend. A
peine sa narration faite, il procède à son tour par inter-
rogation, et les deux causeurs ne se quittent qu'après
avoir épuisé la série complète des demandes et des réponses.

Une lieue plus loin, les voyageurs croisent un piéton
ou un cavalier coupant leur route. Ils s'arrêtent de nouveau, disent qu'ils viennent de rencontrer un homme de
telle tribu qui leur a appris telle ou telle chose, qu'eux-
mêmes arrivent de tel endroit et ont vu ceci ou cela.
L'autre, à son tour, égrène son chapelet d'informations et,
comme ce manège se renouvelle dix fois le jour entre
gens qui vont du nord au sud et de l'est à l'ouest, il
en résulte que la nouvelle la plus futile gagne de proche
en proche et est connue le soir dans tous les douars d'une
circonscription.

Le système ne serait pas complet si, à côté de cette
poste d'un nouveau genre, n'existaient des centres où les
sédentaires puissent venir recueillir les récits apportés
de toute part. Ces centres sont les cafés situés aux abords
des sentiers les plus passagers et qui, sous leur toit
d'herbe sèche, abritent des réunions où la politique, les

cancans, les histoires surnaturelles, les médisances et les *racontars* de toute sorte forment un galimatias incompréhensible.

Si retiré que vive un musulman, si pauvre qu'il soit, il ne laisse pas s'écouler vingt-quatre heures sans aller puiser à cette source intarissable des on-dit.

Là, accroupi sur la terre battue, fumant sa longue pipe et buvant du thé à la canelle ou le moka traditionnel, il écoute ce que disent ceux qui passent et consacre à cette audition des heures entières. Un Arabe qui agirait autrement ne jouirait d'aucune considération parmi ses coreligionnaires, et l'on ne tarderait pas à le traiter de « berger », ce qui est le dernier terme du mépris, car les bergers, précisément par la nature de leurs fonctions, demeurent à l'écart des cercles d'informations.

UN MARCHÉ DANS LA MONTAGNE

On a comparé les côtes de l'Algérie aux côtes de Provence, et certains auteurs, amoureux d'assimilation, ont prétendu que notre colonie n'était que le prolongement de la France. L'image est belle, mais elle est fausse.

Jamais deux pays plus dissemblables ne se sont regardés à travers un bras de mer si étroit. Plus tard, quand la population européenne aura décuplé, il est possible que le voyageur trouve partout, au terme de sa traversée, des sites analogues à ceux de la mère patrie ; mais actuellement un pareil spectacle ne s'offre à ses regards que dans des limites restreintes. Peut-il en être autrement quand une poignée de nos compatriotes est en présence de deux millions et demi d'indigènes ?

Il suffit d'examiner une carte pour constater le faible espace occupé par la colonisation dans nos trois départements d'Afrique. En dehors de ces îlots, sillonnés par la charrue française, la campagne conserve l'aspect sauvage qu'elle avait il y a un demi-siècle durant la domination des Turcs; au point de vue purement pittoresque, ajoutons qu'elle n'y perd rien.

Sitôt que l'Européen s'implante quelque part, il dénature la physionomie du lieu qu'il habite. De vastes rectangles, divisés en damier, marquent ses cultures, des haies profilent leurs lignes droites au bord des champs que la herse aplanit, des fermes, des hangars éparpillent leurs masses blanches sur ce fond monotone, dont le charme est exempt, mais où rayonne la puissance du labeur humain.

L'Arabe n'agit pas de même; son tempérament indolent et contemplatif ne lui fait jamais tenter un effort supérieur aux exigences de ses besoins matériels. Pourquoi des haies, pourquoi des sillons uniformes, pourquoi des toits et des murs ? Il n'a que faire de tout cela ; aussi les contrées où il vit gardent-elles leur caractère primitif : on les dirait inhabitées.

C'est un spectacle singulier que celui d'un pays occupé par l'homme et où rien ne révèle sa présence, si ce n'est le blé remplaçant l'herbe dans les clairières. Combien de fois, perché sur le haut d'une diligence, ai-je entendu des touristes s'étonner de la solitude profonde des lieux qu'ils parcouraient! En vain ils sondaient les coteaux, les ravins, rien ne leur apparaissait, et ils répondaient par un sourire incrédule à ceux qui leur affirmaient l'existence d'une population nombreuse parmi ce désert.

C'est qu'en effet, s'ils avaient mieux examiné, ils auraient distingué, d'endroit en endroit, d'humbles gourbis écrasés contre terre et dont la toiture d'herbes sèches se confondait avec les ronces environnantes. Ils auraient pu, en prêtant plus d'attention, voir émerger de la broussaille le mufle grave d'un taureau ou la tête espiègle d'une chèvre, cherchant à atteindre les jeunes pousses des arbustes. Là, contre cette roche grise, la silhouette de cet Arabe, enveloppé dans son burnous et soufflant dans son roseau, ne leur aurait pas échappé, et, guidés par les blanches fumées de ce vallon, ils auraient fini par percevoir l'amoncellement bizarre de ces huttes, demeures primitives décelant l'existence d'un village important.

Mais le voyageur, absorbé par la contemplation de l'ensemble, ne voit pas ces détails, et quand, au bord d'une rivière ou sur le plateau élevé d'une montagne, on lui montre un large enclos au sol battu et piétiné en lui disant : « Là est le marché », il vous questionne du regard, craignant d'être l'objet d'une mystification.

Le marché de qui ?

Un marché de quoi ?

Depuis des heures entières il court au milieu d'un pays

où nul indice ne révèle la présence d'habitants, et on lui affirme qu'un marché existe dans ces parages solitaires! On plaisante assurément.

Cela peut paraître étrange, en effet, mais bien plus étrange est le spectacle auquel on assiste quand, une fois la semaine, on voit surgir de la silencieuse campagne des milliers d'êtres actifs, pressés, bruyants. D'où viennent-ils, où étaient-ils? On ne sait, mais les arbres et les pierres de la montagne paraissent les enfanter tant ils sont nombreux et tant leur apparition subite est inattendue.

Regardez les collines, maintenant : en mille places on voit descendre par longues files les hôtes de ces parages hier encore si paisibles. Un bruit de voix remplit l'air, on s'interpelle d'une crête à l'autre; le moindre encombrement provoque des disputes ou des rires, et les ruisseaux de ce courant humain viennent grossir à tout instant le fleuve animé qui roule sur la grande route son flot de foule. Le cortège est curieux, bizarre; tous les types y figurent, et, quoique des haillons à peu près semblables recouvrent cette troupe mercantile, chacun de ceux qui la composent garde son caractère et son originalité.

Producteurs d'huile à la calotte brune et graisseuse collée au crâne; conducteurs de bestiaux entraînés par

les bœufs qu'ils mènent à la longe; marchands de vo-
lailles ou de gibier, piétons et cavaliers, mulets et chameaux, ânes de tout poil et de toute taille, acheteurs et
vendeurs vont pêle-mêle vers le lieu des transactions,
avec l'espoir d'un profit ou la pensée d'un achat. Peu à
peu le large enclos, que pas une âme ne traverse en
temps ordinaire, s'emplit de tumulte.

A la hâte on éventre les sacs pour montrer la qualité
du grain, on dispose les olives en monceaux, on vide
avec précaution les paniers remplis d'œufs. Celui-là
apporte une charge de bois, celui-ci un fagot de feuilles
de palmier nain destinées à la confection des nattes; un
autre, plus pauvre, n'a trouvé que des cœurs de char-
don, et il les présente, proprement épluchés, à la gourmandise des acquéreurs.

Les poulets, attachés en grappes par les pattes, sont déposés à terre, et une main parcimonieuse distribue devant
eux la poignée de blé qui constituera leur dernier repas.
Au milieu de ce déballage général, des juifs, en bas de
laine et en turban noir, ouvrent leurs ballots d'étoffes, tandis que plus loin les bouchers commencent leur sanglante
besogne, en accrochant à des branches d'arbres fichées
en terre, les quartiers pantelants de leurs victimes. On
achète la moitié d'un mouton vivant, et deux minutes
après on l'emporte. Les Arabes, et surtout les Arabes

du Mzab, manient le couperet avec une dextérité merveilleuse.

Ceux-là, dans leur genre, ne sont pas moins adroits qui disposent tête-bêche deux rangées de moutons et les lient par le col au point d'en faire une masse immobile. Immobile mais non muette, car un chœur de bêlements assourdit les échos d'alentour. Beuglements et hennissements y répondent ; on dirait l'immense plainte d'un peuple d'opprimés montant vers le ciel pour implorer secours. Nul n'y prend garde; c'est bien de cela qu'il s'agit; l'animation est à son comble, offres et demandes se croisent, l'avidité remplit toutes les prunelles, Mercure aiguillonne la foule, et la clameur grandissante va troubler dans leur paisible retraite les fauves habitants de la broussaille.

A deux kilomètres de distance, ce bruit immense semble le déferlement furieux de la vague roulant des galets sur la plage.

C'est que cinq ou six mille individus sont là maintenant et que de tous côtés il en arrive encore. Il faut avoir assisté à ce spectacle pour comprendre le danger de ce que les Arabes appellent une *neffra*, et de ce que nous appelons plus prosaïquement une révolte. A un signal donné parmi cette masse compacte, un trouble se produit, une poussée s'exerce, les bâtons se lèvent, les

couteaux sortent de leur gaine et, au milieu de la panique générale, on assomme les Européens et les juifs,
et l'on dévalise les marchands.

Le coup fait, chacun tire de son côté et l'autorité ne
sait où trouver les coupables. Ces scènes de violence,
d'ailleurs assez rares, ne se produisent guère qu'à la
veille des insurrections, et rien de semblable ne trouble
le marché que nous décrivons. Tout s'y passe, au contraire ,dans le plus grand ordre, quoique les agents
chargés de veiller à la police de cette foule turbulente ne
soient qu'en nombre dérisoire. Quand l'Arabe n'est pas
surexcité par des chefs fanatiques il est le plus inoffensif des hommes.

LA POPULATION D'ALGER

On se tromperait si l'on pensait ne trouver en arrivant à Alger que des Français ou des Arabes. De ceux-là nous ne voulons pas parler ; mais la population coloniale se compose d'éléments infiniment plus divers et moins connus. Qu'on nous permette d'en donner la rapide énumération.

D'abord les juifs ; ils sont banquiers ou marchands, revendeurs ou courtiers ; leur race, intelligente et laborieuse, a déjà accaparé la meilleure part du commerce de la ville.

Ensuite les Maures, anciens bourgeois de la vieille Al-Djezaïre, gens paisibles et indolents confinés au fond de quelque boutique d'objets indigènes ou derrière le comptoir de quelque bureau de tabac,

Puis les Mzabites, véritables Auvergnats de l'Afrique,

qui quittent les palmiers de leur oasis lointaine pour
venir, à force de labeur, gagner un mince pécule parmi
la foule remuante des cités. Ils sont, pour la plupart, bouchers et épiciers et gardent jalousement le monopole des
transports par âne. Sous ce titre : *les Bourriquotiers,*
nous leur avons consacré un croquis, ce qui nous dispense ici d'en dire davantage.

Les nègres sont un peu ce qu'on veut : casseurs de
pierre aujourd'hui, demain portefaix, bons enfants toujours ; on les rencontre partout, étalant sous leurs grosses
lèvres le rire perpétuel qui, chez cette race d'opprimés,
a l'air de narguer le sort.

Les Espagnols arrivent par fournées dans leurs légères
balancelles et prennent tout au pays sans rien lui laisser.
Sitôt que leur sacoche est remplie de douros, la voile
qui les avait amenés les emmène. Même pendant leur
séjour parmi nous, ils ne donnent à notre commerce que
ce qu'il est impossible de lui enlever. Vêtements, objets
mobiliers, provisions même, sont tirés de la province
qu'ils n'ont quittée qu'avec espoir d'un prompt retour.
Ils sont terrassiers, maçons ou manœuvres presque exclusivement. Dans les nombreux chantiers de construction
qui se sont ouverts à Alger depuis cinq ans, c'est eux,
et eux seuls, que l'on emploie. Sur les milliers d'ouvriers qui raclent la pierre, gâchent le plâtre et manient
la truelle entre Saint-Eugène et Mustapha, on ne trou-

verait pas cent Français. Tous Espagnols. C'est la faute
de nos Limousins; pourquoi ont-ils laissé prendre la
place?

Les Italiens, et parmi eux les Napolitains, tiennent la
pêche. Ce sont les voiles de leurs palangriers qui animent
sans cesse le beau golfe dont Alger ferme une des extrémités. Sitôt que le temps est propice, la barque de ces
intrépides marins sort du port et se perd bientôt dans
les profondeurs de l'horizon. Infatigables et sobres, on
les voit penchés sur leurs avirons ou tirant les lourds
filets dont l'inépuisable fécondité de la rive méditerra-
néenne défie la puissance destructive. C'est eux encore
que l'on rencontre courant par la ville, une corbeille de
poissons sur la tête. Quand les acquéreurs manquent, ils
gagnent la campagne, et il n'est pas rare de découvrir
leur silhouette caractéristique au beau travers de quelque
route poudreuse, à 3 ou 4 lieues de la ville. Tant que la
corbeille n'est pas vide, ils vont ainsi devant eux, de
village en village, laissant le soleil mordre leur peau
brûlée.

L'énumération ne serait pas complète si l'on omettait
les Maltais. Apres au gain comme les juifs, mais indé-
pendants et sauvages, ils ne se jettent pas tous dans le
commerce. Beaucoup d'entre eux habitent des masures
effondrées où, au milieu d'une saleté repoussante, ils

entretiennent des troupeaux de chèvres. Parlant une langue aussi dure que leurs mœurs, ils vivent à l'écart, n'éveillant pas la sympathie et ne l'éprouvant pour personne. Leur air toujours farouche, leurs vêtements sordides, les haillons qui couvrent leurs enfants, les cheveux en broussaille de leurs femmes dont le teint et l'allure rappellent les bohémiennes, en font des types d'un caractère vigoureux, mais d'une sociabilité douteuse.

Cependant tous ne sont pas ainsi, et l'appât d'un travail facile leur a fait troquer la mine rébarbative du chevrier contre la face souriante du vulgaire débitant de boissons. On ne fait pas dix pas dans une rue de la ville ou des faubourgs sans apercevoir une de ces louches échoppes où l'absinthe frelatée, l'eau-de-vie d'asphodèle et l'anisette d'Espagne procurent l'ivresse à bon marché. Un vigoureux gaillard, le ventre serré dans une ceinture bleue, les manches de chemise retroussées montrant des bras velus, se tient debout derrière le comptoir. Un collier de barbe noire et drue entoure son visage tout à la fois papelard et cruel, et les gros poils qui émergent de ses larges oreilles en cachent à demi les boucles d'or.

Ce Maltais-là, on le retrouve partout en Algérie. C'est lui qui verse à tout venant le *champoreau* traditionnel, singulier mélange d'extrait de caroube frauduleusement baptisé du nom de café et de kirsch ou de rhum.

Enfin, pour clore la série, vient le Mahonnais, homme
laborieux, aux mœurs paisibles, grand producteur de
primeurs, auquel on doit la transformation en jardins maraîchers de la plupart des terres irrigables des environs
d'Alger.

Chacun des éléments dont nous venons de parler est
distinct. Le commerce, l'industrie, l'agriculture con-
fondent les intérêts de tous; mais les groupes de nationalité différente, en dehors des transactions, gardent leur
caractère particulier. Costumes, préjugés, mœurs demeurent intacts au milieu de chaque alvéole. On se cou-
doie, on ne se mêle pas. Être pris pour le voisin serait
chose désobligeante. Traitez un juif de Maltais, il se
fâche; appelez juif un Espagnol, vous lui verrez mettre
la main sur le manche de son couteau. Voulez-vous outra-
ger un Arabe? Confondez-le avec un Mzabite... et ainsi
de suite en passant par tous les degrés de la longue
énumération que nous venons de faire.

Au fond de tout cela, il y a un sentiment louable : l'orgueil de la race. Quelle que soit ma patrie, quelle que
soit ma mère, je l'aime, et je suis fier de lui appartenir.
Cela nuit sans doute à la fusion des individus; mais qu'importe la fusion des intérêts existe, et, avant de jeter le
blâme à la population algérienne à l'égard des éléments

disparates dont elle est composée, demandons-nous d'abord si les coteries, les fonctions, la fortune n'élèvent pas chez nous, entre les enfants d'une même cité, des distinctions plus marquées, des barrières plus infranchissables.

LES JUIFS

Quoique Français, les juifs forment en Algérie une classe absolument distincte. Je ne sais s'ils se mêleront jamais à nous comme les Israélites de France, au point d'effacer toute trace d'origine; mais ce n'est certainement pas le XIXe siècle qui verra cette transformation. Faut-il s'en étonner? Vraiment, non. On ne peut oublier qu'il y a cinquante ans, ces hommes, dont nous avons fait nos compatriotes, étaient l'objet de tous les mépris, de toutes les cruautés des Turcs et des Arabes. Pour eux, la justice et le droit n'existaient pas.

Battre un juif, voler un juif, tuer un juif même était peccadille légère; les lois ne s'embarrassaient pas de si minces délits. Quand le dey avait besoin d'argent, il ouvrait sans façon les coffres de ces infatigables travailleurs et leur laissait ensuite juste assez de liberté pour

reconstituer une épargne. Le musulman indolent, inapte
aux choses du commerce, jugeait que le juif avait été
placé près de lui par la Providence pour amasser des
trésors. C'était en quelque sorte un caissier donné par la
nature, caissier d'une merveilleuse espèce, sobre et dur
pour lui-même, gardant avec un soin jaloux les richesses
qu'on lui ravissait périodiquement.

Placés sous la discrétion absolue de leur maître, sentant
peser sur eux le plus outrageux dédain, on conçoit que
ces malheureux se soient serrés les uns près des autres
et aient vécu en exilés. Leur homogénéité était l'enveloppe impénétrable de coutumes, de mœurs qui, ayant
tout à redouter du monde extérieur, traversaient les
siècles avec une immuabilité de sphinx.

Les Israélites d'Algérie en étaient là quand, tout à
coup, la prise d'Alger vint leur rendre les droits affé-
rents à toute créature humaine. Du jour au lendemain,
ces opprimés se virent libres; un pays puissant protégeait
non seulement leur personne, mais, chose presque aussi
précieuse, leur épargne ! Après avoir travaillé dans la
crainte, ces dévalisés d'hier allaient pouvoir amasser en
toute sécurité. Quel réveil ! Que pouvaient-ils espérer
encore ?

La coupe des bienfaits n'était-elle pas remplie ?

Quoi qu'il en soit, on la fit déborder quand, en 1870,

un décret-loi du gouvernement de Tours déclara citoyens français les juifs de nos trois départements d'outre-Méditerranée.

Français! ils le sont bien de nom, mais il faut avouer qu'ils n'en ont pas la tournure. Avec leurs bas bleus et leurs escarpins vernis, leur large pantalon arrêté aux genoux, tout à la fois bouffant et étriqué, leur longue ceinture noire et leur casquette de velours, leur petite veste aux manches collantes arrivant à peine à la taille, leur chemise blanche et leur cravate, ils ne rappellent que de très loin leurs coreligionnaires du pavé de Paris.

Pourtant, dans leur costume bizarre, on sent la préoccupation de se rapprocher de nous. Ils font ce que les musulmans n'ont jamais fait et ne feront jamais ouvertement; ils adoptent certains fragments de notre toilette. Beaucoup, appartenant à la classe riche, ont même complètement pris nos modes; mais on les sent encore mal à l'aise dans cette nouvelle enveloppe, et il ne faut pas un œil bien exercé pour distinguer l'Israélite sous la redingote noire correctement taillée ou sous le veston élégant d'un bon faiseur.

Au reste, c'est là l'exception; le prolétaire garde encore le turban noir que le vieux juif indigène ne dédaigne pas, même après fortune faite, et, s'il parle français, c'est dans un charabia que le nouveau débarqué ne comprend pas toujours.

L'ex-peuple de Moïse tient dans les villes du littoral une place considérable; la plus grande partie du commerce est entre ses mains, et, quand arrive le samedi, jour du sabbat et du repos, les rues prennent un air morne. On ne s'apercevait guère, il y a trente ans, des jours de fêtes juives; les pauvres petits magasins disséminés dans des ruelles peu fréquentées ne tenaient pas grande place; il n'en est plus de même aujourd'hui. Ces adroits négociants se sont emparés des locaux les plus en vue, des devantures les plus riches et, pas plus que le dimanche, on ne songe à faire des emplettes le samedi à Alger.

En dehors du négoce ne cherchez pas le juif; vous ne le trouveriez ni aux champs labourant la terre, ni à l'atelier dirigeant des machines ou maniant des outils. Il n'est pas davantage maçon ou menuisier, terrassier ou forgeron; vous ne le verrez pas conduisant des troupeaux, menant des diligences ou des voitures de place; il n'est absolument et uniquement que marchand, mais il l'est en naissant et ne cesse de l'être qu'à sa mort.

Enfant, il se procure une planche, amoncelle dessus une pacotille quelconque, jouets d'enfants, mercerie, boutons de manchettes, sucreries ou allumettes, et pour-

suit le passant de ses offres jusqu'à ce qu'il ait écoulé sa
marchandise. Si mince que soit le bénéfice, il s'en con-
tente; l'important est de vendre plus cher qu'il n'achète
et de racheter bien vite pour revendre encore. Ses premiers gains sont consacrés tout entiers à l'amélioration
de son installation ambulante; il troque la planche, qu'une
corde retenait au col, contre une tablette à rebord et un
trépied; ses approvisionnements augmentent; mais le
dieu du commerce a des ailes aux talons, et l'enfant devenu jeune homme brûle du désir d'aller courir le monde.

En attendant les grandeurs, c'est-à-dire la voiture que
traînera une maigre haridelle, il transforme en brouette
la première caisse venue, la couvre d'une toile cirée, et
le voilà, poussant sa petite boutique sous le soleil ou
sous la pluie, frappant aux maisons, courant les villages,
couchant à la diable, se nourrissant d'une galette et
faisant ainsi des tournées de cent lieues à la poursuite
d'un gain problématique.

Beaucoup de ceux dont cette rude vie a été le point de
départ possèdent aujourd'hui les plus beaux immeubles
d'Alger.

LETTRE D'UN JUIF RÉSERVISTE

Le décret qui a appelé les juifs d'Algérie à jouir des droits de citoyen français leur a imposé l'obligation du service militaire. La première fois que les jeunes gens israélites ont été enrôlés, un réserviste a adressé à l'auteur la lettre suivante :

« C'est fait, monsieur, me voici soldat, sabre au côté, giberne au dos, et tout prêt à partir du pied droit pour aller rejoindre mon régiment. Mes camarades assurent que, sous ce harnois militaire, j'ai un petit air guerrier qu'ils ne me connaissaient pas. Mes camarades sont des flatteurs. De vous à moi, je puis bien avouer que les airs belliqueux ne sont pas du tout mon affaire.

« J'appartiens à une race essentiellement paisible, et, parmi tous mes ancêtres, pas un, je crois, n'a touché un fusil. Mais enfin tout change avec le temps, et les enfants

de mes petits-enfants seront peut-être d'illustres capi-
taines, car désormais nous appartenons à la France, et il
est peu probable qu'elle nous abandonne maintenant pour
nous replonger dans notre abaissement passé.

« Ah! monsieur, nous lui devons un fier cierge, à
votre France, à notre France bien-aimée, et il n'est pas
un de nous, croyez-le bien, qui ne sente pour elle, au
fond de son cœur, un élan de reconnaissance !

« Civilisé comme vous l'êtes, et habitué à considérer
nos coreligionnaires comme vos égaux, vous ne pouvez
vous faire une idée du service que votre nation nous a
rendu en nous élevant à la dignité de citoyens.

« Nous, des citoyens ! Est-ce bien possible ? Quand
j'y pense, j'en mets involontairement mon képi sur
l'oreille.

« C'est qu'il ne faut pas remonter bien loin en arrière
pour nous retrouver à l'état de parias, marchant sous le
bâton du Turc et sous l'injure de l'Arabe. Un juif n'est
pas encore grand'chose à Alger, mais il était moins que
rien avant la conquête. Tout au plus bon à gagner l'argent que le Turc lui prenait sans façon, il allait par les
rues étroites de la ville, courbant l'échine, redoutant
toujours quelque horion, et prenant cette allure craintive
et cauteleuse que l'oppression met si vite sur le visage de
ceux qu'elle abaisse. Et on s'étonne qu'après avoir vécu

ainsi pendant des siècles, nous n'ayons pas des airs de matamore ni un goût exagéré pour les belliqueux exercices! Franchement, pourrait-il en être autrement? Un peuple ne se modifie pas et ne change pas d'allure du jour au lendemain, l'asservissement est une tache qui s'efface lentement; et il est probable que, pendant deux ou trois générations encore, beaucoup d'entre nous conserveront la trace des dures épreuves du passé.

« Mais cela ne prouve pas que vous ayez eu tort de nous ouvrir généreusement les portes de votre patrie et d'essayer de faire de nous des hommes.

« Déjà, voyez, vous n'avez pas trop à vous en repentir. Quand il s'est agi de nous appeler sous les drapeaux, on a prétendu que jamais on ne parviendrait à nous soumettre aux exigences de la loi du recrutement. Je vous confesse même que je partageais un peu ces craintes, et que, connaissant le tempérament peu fougueux de mes coreligionnaires, je tremblais qu'au moment du départ il ne se produisît des scènes ridicules et déshonorantes.

« Eh bien! pas du tout! voilà que nos Israélites, à Constantine comme à Oran, à Oran comme à Alger, comprennent les devoirs que leur nouvelle qualité entraîne et répondent, sans se faire tirer l'oreille, à l'appel du gouvernement. Je n'irai pas jusqu'à dire qu'ils y mettent de l'enthousiasme, et que leur vocation militaire se soit soudainement révélée. Non; mais je crois que, pour faire de bons soldats, il n'est pas absolument nécessaire d'enrégimenter des héros. En dépit de la réputation d'intrépidité de vos nationaux, je suis bien sûr qu'on trouverait aisément parmi vos conscrits des jeunes gens qui, comme nous, resteraient volontiers au foyer paternel et renonceraient d'emblée aux jouissances de la vie des camps. Mais le devoir est là, on le sait; on a vingt ans, et, en marche! Bien téméraires après cela seraient ceux qui voudraient venir analyser les sentiments de chacun et déclarer que celui-ci a plus de courage que celui-là.

« Certes, je n'ai pas la prétention de nous comparer à nos frères d'armes d'origine française; ils appartiennent à une race que le métier de la guerre n'a jamais effrayée, tandis que nous... Malgré cela, notre petite troupe part gaiement, portant à la boutonnière des rosettes aux couleurs nationales et chantant à tue-tête *la Marseillaise*. Dîners d'adieux, punch d'adieux, discours d'adieux, on ne nous a rien épargné, et c'est avec un sentiment de grande joie que nous avons constaté la sympathie réelle de vos compatriotes à notre égard. Là nous avons compris mieux que partout ailleurs qu'en devenant soldats, nous devenions véritablement Français, et cette conviction nous a donné à tous bonne provision d'énergie.

« Demain nous nous embarquons pour aller rejoindre à Marseille notre régiment; il y aura là encore pour nous une jolie occasion de chanter en pleine Cannebière *la Marseillaise* et de pousser unanimement notre grand cri de reconnaissance : *Vive la République !*

« *Un conscrit israélite.* »

LES ANGLAIS A ALGER

On croit assez volontiers en France qu'Alger, l'hiver, est exclusivement peuplé de poitrinaires. C'est là une erreur. La capitale de notre colonie est moins recherchée encore par les malades qu'elle ne l'est par les touristes riches et bien portants, en quête de beaux sites et de ciel bleu.

Depuis quelques années surtout, nos voisins les Anglais ont pris en grande passion les coteaux de Mustapha; sitôt que les brouillards de la Tamise couvrent leur froid pays, ils plient bravement bagage et vont chercher sur l'autre rive de la Méditerranée le soleil qui manque à leur île morose.

Dès le mois de novembre, l'émigration commence; les paquebots, partant de Marseille, emportent les lords et les ladys du type le plus pur; on les voit à bord, correctement vêtus, parlant peu, mangeant beaucoup, et ne pré-

tant qu'une attention médiocre au concert de plaintes
que les cœurs faibles font résonner autour d'eux.

Ni le vent ni la houle n'ont prises sur ces robustes
passagers; ils lisent, fument et dorment comme si le
pont du bateau était terre ferme, et quand le soir, à
huit heures, un garçon, cravaté de blanc, vient leur apprendre que le thé est servi, ils s'engouffrent dans la
salle à manger avec une satisfaction peu dissimulée.
Alors tous les types de Cham sont réunis autour de la
longue table du bord : l'Anglais sec, rouge, dont la
bouche, encadrée de longs favoris jaunes, semble toujours dire « Aoh! »; la lady au maintien guindé, qui ne
fait jamais le plus faible mouvement de tête pour atteindre
la cuiller qu'elle porte à ses lèvres; la jeune miss aux
grandes mains sèches, aux joues pâles et aux cheveux
filasse; la mistress massive, écarlate, sous son chapeau
plat à rubans verts, et la dame de compagnie, dont le
seul aspect ferait aimer la solitude.

Tout ce monde apporte le plus grand sérieux à l'acte
qu'il accomplit : les femmes s'efforcent d'introduire dans
leur tasse plus de biscuits qu'il n'y a de liquide; les
hommes, occupés du même problème, trouvent le moyen
de le résoudre en vidant quelques fioles d'eau-de-vie
sur le mélange, et, le combat finissant faute de combat-
tants, chacun gagne sa couchette.

Arrivé dans le port, on se bouscule un peu, voulant bien vite gagner l'hôtel. La première visite est pour le consul, après quoi les nobles étrangers louent une voiture à deux chevaux, qu'ils ne quitteront plus qu'au départ, et se lancent à la recherche d'une villa plus ou moins confortablement meublée.

Les villas ne manquent pas. La plupart des propriétaires algériens désertent leur demeure durant l'hiver dans l'espoir d'en tirer profit; mais les prix sont élevés, et nos voisins n'aiment pas à gaspiller leur argent.

Cependant, moyennant 1,000 à 1,500 francs par mois, ils trouvent un toit où abriter leur famille, leurs domestiques et leurs chevaux de louage. A partir de ce moment, ils sont *installés* et font partie de la petite colonie dont le centre est la maison du consul.

J'ai écrit *colonie*, et le mot est juste, car à Alger les enfants de la *perfide* Albion vivent entre eux et ne se mêlent pas à la société française. Ils provoquent des réunions, organisent des expositions où les fleurs de leurs jardins luttent entre elles; ils se décernent des prix, des mentions honorables, et en somme, il faut bien le dire, trouvent moyen de s'amuser, sans attendre la manne, un peu rare, des fêtes officielles.

Chaque année voit grossir le nombre des nouveaux

arrivants. Aujourd'hui, les Anglais forment à Alger un noyau de population compacte; beaucoup d'entre eux ont acquis des propriétés de plaisance, et il ne faudrait pas s'étonner si, avant dix ans, ils avaient accaparé les plus belles villas des environs de la ville.

Leur passion dominante, en architecture, est le genre mauresque; sitôt qu'une maison arabe est mise en vente, on peut être assuré qu'un Anglais l'achètera.

A peine en possession de l'immeuble, ils rêvent des changements sans nombre, car leur manière de vivre s'accorde mal avec la disposition des habitations indigènes; alors ils ont recours aux plus bizarres inventions et, quand un homme de goût n'est pas là pour modérer l'expression de leur tempérament artistique, Dieu sait ce qu'ils enfantent!

Il va sans dire que la manie des Anglais pour les objets mauresques a donné lieu à Alger à un important commerce : tapis du Levant fabriqués à Lyon, étoffes rares de Constantinople expédiées de France par ballots, armes du Maroc et de la Syrie façonnées à Liège, cuivres ciselés persans obtenus par la galvanoplastie, coffrets arabes incrustés de nacre provenant du faubourg Saint-Antoine. Toutes ces merveilles sont accaparées et payées deux fois leur valeur, à la grande joie de l'acheteur et du marchand.

Le fait positif, c'est que chaque hiver nos voisins laissent beaucoup d'argent dans la colonie, et, à ce point de vue, leur villégiature algérienne doit être considérée comme une excellente chose. Un chiffre donnera une idée de leurs dépenses : les loueurs de voiture d'Alger livrent tous les ans aux étrangers soixante grandes calèches à deux chevaux, au prix de 500 francs par mois; or, comme la saison d'hiver dure de six à sept mois, c'est une somme de 200,000 francs environ que se partage un petit groupe d'industriels. Par ce détail on peut juger de l'ensemble.

Quelques personnes s'étonnent que cet engouement des Anglais pour notre colonie ait persisté en dépit des exploitations dont ils n'ont cessé d'être l'objet; serviteurs, propriétaires, marchands, tous leur font payer chèrement leur qualité d'étranger. C'est ainsi que partout, excepté en Écosse, on observe l'hospitalité. Mais l'Algérie, — il faut le dire à sa louange, — est loin, sous ce rapport, de la Suisse, de l'Italie et de tous les pays en général où nos voisins d'outre-Manche aiment à se réfugier pour échapper à leur spleen et à leurs brouillards.

Rien de gai comme l'aspect de la ville où se répand brusquement cette population riche, apportant avec elle tout le confort de son existence ordinaire. Les routes, où l'on ne voyait courir, qu'à de rares intervalles, quelque maigre attelage, sont sillonnées par les équipages et par les joyeuses cavalcades où les jeunes miss étalent avec tant de sans-gêne leurs toilettes excentriques. Les bêtes sont superbes, les harnais irréprochables, mais les amazones!...

Les pays du Nord se flattent parfois de rivaliser avec la France et même de l'éclipser pour la beauté de leurs femmes. C'est possible, mais il est difficile de vérifier l'exactitude de cette affirmation d'après les échantillons que nos voisins livrent à l'exportation. Parcourez Nice, Menton, Cannes; passez par l'Italie et revenez en Afrique; si, après ce voyage, vous avez rencontré dix étrangères passables sur les quelques milliers que vous aurez pu voir, c'est que le ciel aura favorisé vos recherches.

Tailles plates, mains osseuses et rouges, bouches démesurées où

> Les dents en fureur dans leurs alvéoles
> Semblent dire arrière au chœur des baisers,

tels sont, en général, les signes distinctifs auxquels vous reconnaissez les touristes du beau sexe. Et quels ajustements! quelles tenues! quelles couleurs discordantes!

C'est là peut-être ce qui nous choque le plus. Notre œil est tellement habitué à voir nos femmes rehausser leurs avantages personnels par la science de la toilette; elles sont si habiles à dissimuler leurs imperfections naturelles par une pointe d'élégance, que nous devenons sévères, même pour les jolies étrangères, lorsqu'elles ignorent le grand art de l'ajustement.

Ce pied, un peu long et mal cambré, pourrait encore dire quelque chose dans une fine bottine ; mais, dans ces grands souliers plats, aux talons insignifiants, voyez la triste mine qu'il fait !

Et cette taille carrée, cette poitrine absente, pensez-vous qu'un corset intelligent n'aurait pu en tirer un parti quelconque ?

Nos Françaises savent parfois résoudre des problèmes plus ardus, et il faut leur savoir gré du mal qu'elles se donnent ; car, enfin, est-il bienséant d'afficher, comme le font les Anglaises dont je parle, un si superbe dédain pour les choses de la parure ?

Je suis un peu de l'avis de Platon à l'égard de la beauté :

> C'est pour nous la montrer qu'est faite la clarté.

En vertu de ce principe, les jeunes femmes de tous les pays devraient être tenues d'observer les règles élémentaires de la coquetterie.

Mais nous voilà loin de nos étrangères ! Avant de prendre congé d'elles, il faut cependant dire un mot de leur existence algérienne durant l'hiver.

Comme elles ont, pour la plupart, des équipages loués au mois, elles usent et abusent des promenades. Le matin on les voit caracoler sur les chevaux qui, le soir, traîneront la calèche et, à la manière des figurants de *la Juive*, elles passent si souvent par les rues de la ville et sur les promenades des alentours, qu'on pourrait les croire beaucoup plus nombreuses qu'elles ne le sont en réalité.

Du reste, pour compter les Anglaises, il est un moyen infaillible. Il suffit d'aller se poster aux abords du petit temple protestant construit à l'une des extrémités de la ville. Arrivez là le dimanche à onze heures et vous verrez défiler au complet le bataillon féminin. Pas une ne manque à l'appel, car si son absence était constatée, elle serait immédiatement écartée des rangs de la bonne société. On se plaint de notre intolérance en matière de religion ; nos voisins, sous ce rapport, pourraient nous rendre des points ; le temple est aussi obligatoire pour un anglican que le service militaire pour un Français.

Il est vrai que l'on n'exige pas des convictions bien profondes et un recueillement bien grand de la part des fidèles. Non, la présence réelle suffit. Ne priez pas, si vous le voulez, mais allez au temple ; pensez ce que vous voudrez de la religion, mais lisez la Bible le dimanche et ennuyez-vous royalement sans faire œuvre de vos dix doigts. Moyennant quoi, vous serez bien vu de tous.

Être bien vu ! Un Anglais raisonnable ne demande pas autre chose.

ORAN ET LES ORANNAIS

Oran n'est pas une ville de plaisir et de luxe, c'est une ville de travail. On sent que la population qui l'habite fait passer l'utile avant l'agréable. Pas de riches villas aux environs, pas de jardins, de bosquets, mais de grands champs bien tenus, plantés de céréales ou de vignes, même aux abords des faubourgs ; dans les rues, pas d'équipages élégants, pas de brillants cavaliers, mais des colons, des commerçants courant à leurs affaires dans de légères voitures ; sur les chaussées, pas de toilettes tapageuses, de promeneurs oisifs, mais des gens pressés allant à leurs affaires. C'est bien ainsi que doit être la cité dans un pays en formation.

Le port n'est pas grand, mais l'activité y règne. Déjà les grains s'accumulent sur le quai et formeront bientôt des pyramides imposantes ; l'alfa, en bottes pressées, élève ses meules énormes ; les minerais de fer amoncelés croulent sous le poids de leur masse, et de lourds chariots viennent à tout instant augmenter l'encombrement de ces richesses.

La ville, d'abord construite contre la rade, dans une étroite crique, a dû, pour s'étendre, escalader les pentes et envahir les ravins qui l'entouraient; de là une viabilité incommode, dangereuse même; mais tout est affaire d'habitude et, grâce à leurs excellents chevaux, les Orannais circulent sans encombre dans des rues taillées en montagnes russes.

L'aspect général n'a rien de pittoresque : à l'ouest, le regard est arrêté par l'aride et haute montagne au flanc de laquelle est suspendu le fort de Sainte-Clotilde ; à l'est, les dernières maisons surplombent des roches déchiquetées et sans verdure; entre ces deux limites, l'œil n'aperçoit qu'une succession de toits rouges, de terrasses, que les caprices du sol font tantôt surgir et tantôt disparaître dans une fantaisie de silhouettes bizarres.

Dominant le tout, dans les faubourgs, quelques moulins agitent leurs grandes ailes et donnent à cette ruche humaine son véritable caractère : le travail.

Les Espagnols abondent à Oran, leurs balancelles mettent quelques heures pour traverser la Méditerranée,

et quand le temps est calme, si l'amour du pays les reprend, ils peuvent, des hauteurs de Sainte-Clotilde,
apercevoir « la Carthagène de leur âme ». Aussi l'Algérie est encore la patrie pour eux et ils y apportent, avec
leur rude nature d'ouvrier, leurs chapeaux à gouttière,
leurs courtes vestes à boutons de métal, leurs mandolines
et leurs castagnettes.

Quand, le soir, vous passez dans les ruelles du quartier qu'ils habitent, vous pourriez vous croire dans quelque gros bourg de la province d'Alicante ou de Séville;
d'endroit en endroit des concerts s'organisent, les notes
monotones de la guitare accompagnent un chant nasil-
lard, et sous la clarté des lampes fumeuses s'accusent les
vigoureux profils que le crayon de Gustave Doré a si
souvent reproduits.

Les juifs aussi tiennent une grande place; les plus
riches sont mêlés à la population française et demeurent
au centre de la ville, mais les prolétaires et les petits
commerçants sont groupés sur un même point et l'occupent en entier. Il y a le quartier juif comme il y a le quartier espagnol, et l'on peut affirmer que si jamais l'oisiveté
s'égare, ce n'est pas là qu'elle pourra trouver un refuge.

Je l'ai déjà dit, les Israélites sont laborieux, on les voit
peinant à la besogne autant à Oran qu'à Alger, mais,
chose curieuse, on ne les trouve pas sous le même cos-

tume. Ici les femmes, dont le type est plus beau, sont
uniformément couvertes de la tête aux pieds par un grand
châle de laine grenat aux tissus rugueux, et les hommes
portent une longue blouse noire sans plis, serrée à la
ceinture. La toilette n'est pas seyante, mais le temps la
modifiera ; elle est encore calquée sur la misérable livrée
qu'aux époques de servitude les Maures et les Espagnols
imposaient à ces éternels opprimés.

Revenons aux Orannais, qui méritent une attention
toute spéciale. Ce qu'ils ont fait est digne du plus grand
éloge, et il n'est pas besoin de parcourir longtemps les
environs de la ville pour voir à quelle race persévérante
et forte on a affaire.

N'abandonnant rien au superflu, passionnés pour leur
terre, les Orannais n'ont qu'une ambition, celle d'amé-
liorer, d'agrandir leur propriété. Pour défricher de nouveaux espaces, pour planter de nouvelles vignes, pour
augmenter leur exploitation, ils n'hésitent pas à grever
leurs biens, à engager l'avenir.

Leur devise est : « Encore, » et là où d'autres, satisfaits des résultats obtenus, demanderaient au repos la
récompense de leurs efforts, eux hypothèquent leur domaine, escomptent les promesses de leur moisson pour
répandre leur activité sur un plus vaste champ d'expérience.

De pareilles tendances enfantent, comme on le pense bien, la spéculation; le taux de l'argent s'élève, mais, le travail aidant, on vient à bout de faire face aux engagements les plus onéreux. Tandis que l'administration colonise à grand'peine, ne ménageant pas les ressources du budget, l'initiative individuelle fait des merveilles. Sur la route d'Oran à Tlemcen, par exemple, on voit des fermes plantureuses dont les terrains, incultes il y a dix ans, ont été achetés à raison de 100 francs l'hectare, payable en rente calculée à 10 0/0 du capital.

Ces terrains ont été mis en valeur avec des sommes empruntées au même taux et, malgré ces conditions ruineuses, les propriétaires ont pleinement réussi dans leur entreprise hardie. Ce sont aujourd'hui des colons à leur aise, jouissant d'un solide crédit et employant leurs épargnes à acheter à vil prix les concessions que les avortements de la colonisation officielle, telle qu'on l'a pratiquée jusqu'ici, jettent chaque année sur le marché.

Sans entrer dans de plus longs détails, le récit d'un seul fait montrera mieux que tous les développements le caractère de cette population curieuse. Voici comment, dans un village dont le nom m'échappe, un haut fonctionnaire, en tournée administrative, a été reçu dernièrement :

Les colons avaient dressé un arc de triomphe, unique-

ment composé d'instruments de travail : herses perfectionnées, charrues des meilleurs modèles, batteuses à
vapeur, outils de toute sorte. Et quand le nouveau venu,
frappé de cette idée originale, s'est arrêté, au lieu de lui
servir un plat discours, les habitants ont fait, sans phrase,
défiler devant lui tous leurs troupeaux.

D'ORAN A TLEMCEN

Les diligences, qui sont passées en France à l'état de souvenir, existent encore en Algérie. C'est une diligence attelée de sept vigoureux chevaux qui, en seize heures, vous conduit d'Oran à Tlemcen. Seize heures! C'est plus qu'il n'en faut pour goûter toutes les saveurs d'un mode de transport qui sera bientôt oublié de tous.

J'ai pour les chemins de fer la plus complète admiration, mais cela ne m'empêche pas de trouver que la diligence, prise à petite dose et à intervalles très éloignés, ne soit un agréable moyen de locomotion. Aujourd'hui on ne *voyage* plus guère, on se *transporte* d'un point à un autre, et la grande affaire est de s'y transporter vite.

Le touriste n'est plus qu'un colis auquel on fait les honneurs d'un train express; la vapeur le prend à Paris, le dépose à Florence ou à Naples, et les quelques heures passées dans la boîte roulante sont plutôt un ennui qu'un plaisir. Autrefois il n'en était pas ainsi, le trajet, tout en restant une fatigue, n'était jamais une corvée, et lorsqu'on atteignait le but de sa course, on avait déjà satisfait une bonne part de cette curiosité inquiète qui nous pousse toujours à courir après l'inconnu.

Les diligences ne se sont pas sensiblement modifiées, et on les retrouve en Algérie ce qu'elles étaient encore en France il y a vingt-cinq ans. Même allure renfrognée sous leur capuchon de cuir, même rotonde et même coupé, même gaieté bruyante des postillons, mêmes grelots et mêmes claquements sonores du long fouet à lanière blanche.

On quitte Oran à quatre heures de l'après-midi, et lorsqu'on a escaladé les pentes, qui font de la ville un véritable entonnoir, on se trouve en pleine campagne au milieu de champs dont la bonne tenue et les plantureuses récoltes pourraient rivaliser avec les plaines de la Beauce. Bientôt on aperçoit, faisant contraste à cette fertilité, l'immense étendue des lacs salés. Dès le mois de juin, ils sont complètement desséchés, mais, par un effet de mirage singulier, on les croirait remplis jusqu'au bord. L'eau, en s'évaporant sous les rayons du soleil, dépose en couche uniforme le sel qu'elle contenait et les grandes surfaces blanches ainsi formées miroitent au soleil comme une onde limpide. L'illusion est complète, et quand

l'œil cherche une voile sur ces flots tranquilles, il est
quelque peu surpris de rencontrer la silhouette d'une
caravane démesurément grandie par la réfraction. Un phénomène d'optique curieux fait que bêtes et gens paraissent marcher dans l'espace en faisant des pas de géant, et
ces pieds qui ne touchent ni le sol, ni l'eau que l'on croit
voir, semblent appartenir à des êtres fantastiques.

Du reste, tout est illusion sur ces lacs ; lorsque l'on se
trouve tout auprès, leur largeur paraît être d'un kilomètre
environ, elle est pourtant huit fois plus grande et rien
ne le dénote au regard. Si l'on s'avance davantage et
que l'on s'engage sur la couche de sel, on est comme
aveuglé ; le ciel si bleu en Algérie prend l'apparence la
plus sombre et quand des bandes d'étourneaux passent au-
dessus de votre tête avec un grand bruit d'ailes, vous les
entendez distinctement, mais il est impossible de les voir.

Ajoutons que de semblables expériences ne sont pas
sans danger : indépendamment des insolations meurtrières
qui peuvent vous frapper par suite d'une station trop
prolongée au milieu de ces nappes éblouissantes, les or-
ganes de la vue, trop vivement impressionnés, risquent
de perdre leur délicate fonction.

Le premier village que l'on rencontre est Misserghïn;
il est composé de quelques colons et de beaucoup de

moines, couvents d'hommes, couvents de femmes; on ne voit guère que des couvents dans cet aimable endroit. Toutefois les choses de la terre préoccupent leurs hôtes beaucoup plus que les choses du ciel. Ce ne sont, de tous côtés, que vastes exploitations agricoles rayonnant autour d'un centre verdoyant composé de pépinières superbes et de vignes en plein rapport.

Aux travaux agricoles, les habiles directeurs de ces productifs établissements ont joint toutes sortes d'industries parmi lesquelles fonctionne une tannerie très ingénieusement organisée. Aussi les bons pères font-ils fortune; on les rencontre par les routes, dans de bonnes voitures, solidement attelées, étalant sous leur costume de laine blanche leur obésité précoce et montrant sous leur grand chapeau leur mine rubiconde et satisfaite. L'ascétisme n'est pas leur affaire, et, en attendant les félicités éternelles, leur philosophie pratique a jugé qu'il n'y avait pas d'inconvénient à goûter aux quelques joies que la « vallée de larmes » offre encore aux pauvres humains.

On quitte Misserghin à la nuit tombante. Chacun s'installe comme il peut pour passer la nuit commodément, on tire les casquettes et les foulards des valises, on endosse les paletots, et chacun, subissant l'impression mélancolique que la dernière heure du jour apporte avec elle au milieu d'une vaste solitude, le silence s'établit.

A droite, la ligne des montagnes se découpe dure-
ment sur un ciel empourpré; à gauche, la campagne se
noie dans l'uniformité d'un crépuscule bleuâtre d'où
se dégage la nappe blanche des lacs se profilant jusqu'à
l'horizon. C'est un paysage à la fois très simple et très
grand. Là bas, au loin, trois mamelons, à peine dis-
tincts, ferment la plaine; on les atteindra vers minuit, et
la moitié de la route sera faite.

L'obscurité devient complète, les hôtes de la nuit
s'éveillent, on entend le hurlement des chacals, pareils
à des lamentations d'enfants, et tandis que les grandes
lanternes font surgir sur le bord de la route des silhouettes étranges, le conducteur, retrouvant sa loquacité
un instant perdue, entame des récits qui feraient dresser
les cheveux sur la tête des héros d'*Anne Radcliffe*.

La diligence d'Oran à Tlemcen n'a jamais été attaquée
qu'une fois, et dans des circonstances telles que la France
entière s'en est émue. Un chef de bureau arabe, le capitaine Doineau, vêtu du costume indigène, conduisait en
personne l'expédition. La scène était des plus drama-
tiques. Imaginez une route solitaire, bordée de grands
arbres dont l'ombre augmente encore les ténèbres d'une
nuit épaisse : dans les taillis avoisinants, dix hommes
embusqués, bien montés et bien armés, écoutant anxieu-

sement au milieu du silence le bruit lointain d'un roulement de voiture. Les grelots tintent plus distinctement,
le bruit grandit, une clarté apparaît au détour du chemin, et, quittant leur retraite, les coupeurs de route
s'élancent, bride abattue, le fusil au poing, vers la diligence où dorment paisiblement six voyageurs.

Les détonations se succèdent, les balles sifflent en tous
sens, les chevaux, mortellement frappés, s'abattent; pos-
tillon et conducteur gagnent le large, des figures san-
guinaires apparaissent aux portières, un Français est
tué, et l'aga des Beni-Snous, en l'honneur duquel cette
fête lugubre avait été préparée, tombe massacré près
du cadavre de son interprète.

Les bandits dispersés, les postillons reviennent; on
coupe les traits des chevaux morts, et, avec les vivants,
on regagne tant bien que mal Tlemcen où l'on trouve
l'officier du bureau arabe, auteur d'une si belle équipée,
profondément *endormi* dans son habitation. Voilà ce
qu'on raconte encore aux voyageurs quand la nuit fait
surgir sur le parcours de la diligence les ombres fantastiques des hautes broussailles.

Entre deux relais, il y a place pour plus d'une histoire
sinistre, et si le sort vous place près d'un conducteur ami
du mélodrame, il ne laisse pas passer un fourré ou une
maison sans entamer quelque récit effroyable. — « Là,

monsieur, il y a deux ans, dans ce massif noir que vous voyez là-bas, a été tué un enfant dans des circonstances atroces » (suit le détail des circonstances). « Dans cette maison isolée, il n'y a pas bien longtemps que les Arabes ont pénétré. On disait au propriétaire : Méfiez-vous, vous êtes trop seul, il vous arrivera malheur. Lui prétendait qu'il n'y avait rien à craindre; ce qui n'a pas empêché qu'un beau matin on l'ait retrouvé, la tête en bas, au fond de son puits, sans même une chemise sur le dos. »

Si l'on objecte que tout cela est effrayant, le narrateur, heureux de l'impression qu'il produit, ajoute : « Ah! monsieur, c'était encore bien autre chose quand Bou-Zian courait la contrée avec sa bande! En voilà un qui ne barguignait pas. »

Celui-ci, en effet, avait les grandes traditions. Quoique opérant lui-même à l'occasion, il dirigeait une bande nombreuse que les pillages et le meurtre entretenaient dans l'abondance. Hardi, intelligent, Bou-Zian ne reculait devant aucune entreprise. S'agissait-il de détrousser un convoi, de piller une caravane, de dévaster une ferme: on était sûr de son concours.

Au reste, il faisait proprement sa besogne et s'entendait aussi bien à couper une tête qu'une bourse. Durant longtemps on le poursuivit; mais, si la police court, les voleurs volent, et jamais les gendarmes n'osèrent s'aventurer dans les régions désertes où Bou-Zian et les siens se retiraient, à la moindre alerte, au galop rapide de leurs petits chevaux arabes. C'est que le brigand avait des partisans un peu partout, et, parmi bon nombre de tribus, il n'eût pas été prudent de lui mettre la main au collet.

Pourquoi ?

C'est bien simple; la religion était un peu mêlée à la chose.

Un Arabe bien pensant a un moyen élémentaire de se mettre convenablement dans les papiers du Prophète et, partant, de ses coreligionnaires : c'est de tuer des chrétiens. Or on ne pouvait reprocher à Bou-Zian de manquer à ce pieux devoir.

Grâce au fanatisme, on peut encore, chez les indigènes, être à la fois saint homme et bandit; Bou-Zian cumulait les deux fonctions, ce qui lui valait des sympathies nombreuses. Aussi dut-on prendre mille précautions pour l'amener de Mascara jusqu'à Mostaganem, où il devait être incarcéré provisoirement. On craignait à tout instant qu'une bande de cavaliers indigènes ne vînt, par une diversion soudaine, favoriser la fuite du prisonnier. L'escorte, cependant, était nombreuse; le procureur de la République lui-même la dirigeait à cheval; mais les gorges étroites que l'on avait à traverser et l'air d'assurance du brigand, dont l'œil sondait l'horizon avec confiance, ne laissaient pas de causer quelque inquiétude

aux représentants de l'autorité. Aucun incident ne vint
marquer le voyage, et Bou-Zian n'échappa pas au châtiment qu'il méritait si bien.

Cependant, il faut lui rendre cette justice, il ne tuait
que quand il y voyait son intérêt. Il aimait bien le sang,
mais il préférait l'argent; un de ses axiomes favoris était
que l'on pouvait détrousser deux fois le voyageur qu'on
lâche, jamais celui qu'on tue. Aussi laissait-il la vie
sauve à beaucoup de ses victimes. Il allait même parfois
jusqu'à restituer les sommes que ses bandits avaient
prises aux pauvres diables besoigneux.

Mais si nous voulons de plus amples détails, écou-
tons notre conducteur qui, sur ce sujet, ne tarirait pas.

« Quand il s'emparait d'un couple de touristes, sa foi
dans la fidélité conjugale des chrétiens était telle qu'il
gardait la femme en otage et rendait la liberté au mari,
et jamais ses prisonnières n'eurent à se plaindre de ses
mauvais procédés. En somme, c'était un galant homme;
et quel bel homme, monsieur! J'étais là le matin où on
l'a guillotiné; ça m'a vraiment fait de la peine, le gouvernement aurait dû au moins garder sa photographie.
Quand il s'est avancé au milieu du public avec son grand
air calme, son sourire dédaigneux et son regard de lion,
il y eut un frémissement dans la foule. Beaucoup de ceux
qu'il avait dévalisés l'auraient volontiers sauvé à ce

moment-là, histoire de ne pas voir abîmer une si belle
créature. Quand la tête tomba, les Arabes vinrent la
ramasser et l'emportèrent avec le corps jusqu'au cimetière. Là, au moyen d'une grosse aiguille et de tresses
d'alfa, ils rapprochèrent aussi bien qu'ils purent les deux
parties du cadavre, parce que, tout brigand qu'il était,
ils pensaient que Mahomet, suivant sa vieille habitude,
viendrait prendre Bou-Zian par le toupet pour l'emporter
en paradis. »

Un gros rire accompagné de *hu* et de *hi* répétés servit
de péroraison à ce récit auquel succédèrent des anec-
dotes moins tragiques. La lune s'était levée, les ténèbres
avaient en partie disparu et la clarté nouvelle inspirait
évidemment au conteur des souvenirs moins sombres.

Des crimes et des meurtres nous passâmes aux vols,
ce qui était un progrès réel. Les indigènes qui n'attaquent
pas les diligences, tentent néanmoins assez souvent de
les débarrasser des bagages qu'elles transportent. Quand
ils jugent que les voyageurs de la rotonde sont endormis,
ils grimpent avec une adresse de singe jusqu'à l'impériale, coupent les courroies de la bâche, et jettent un à
un sur la route les malles et les paquets qui leur tombent
sous la main.

Ce déménagement fait, ils sautent à terre sans qu'aucun
bruit ait signalé leur audacieuse visite. Il y a quelques

années, ces vols se renouvelaient si fréquemment que la diligence ne marchait plus sans escorte. Aujourd'hui, de loin en loin, on constate bien encore quelques tentatives, mais les conducteurs sont plus vigilants et les bagages jouissent d'une sécurité presque aussi absolue que les voyageurs.

Car enfin, il faut bien en convenir, les routes sont plus sûres en Algérie qu'en France, et si la statistique parlait, elle prouverait qu'on court moins de danger en allant seul à cheval d'Alger à Lagouhat qu'en rentrant à pied de Saint-Denis à Paris entre dix heures et minuit.

Les Arabes commettent bien quelques meurtres, mais le plus souvent ils prennent pour victimes leurs propres coreligionnaires. Sur dix crimes, un à peine est exercé contre des Européens, les neuf autres sont perpétrés sur des indigènes. Presque toujours la jalousie en est le mobile. Les femmes, que le régime de la surveillance à outrance jette volontiers dans les aventures amoureuses, nouent des intrigues avec une facilité surprenante. C'est presque toujours à la fontaine, située parfois à deux ou trois kilomètres du gourbi ou de la tente, que se donnent les rendez-vous galants.

Le mari, paresseux par nature, laisse à sa compagne le soin d'aller faire la provision d'eau; un jeune frère ou une matrone l'accompagne. Celle-ci ou celui-là deviennent bientôt des confidents et des intermédiaires utiles ; mais qu'une querelle survienne, ils parlent, et le lendemain, embusqué dans la brousaille, l'époux outragé plante sans plus de façon une balle dans la tête du séducteur. Les cours d'assises jugent par an cent affaires de ce genre et cela n'empêche pas les petites fontaines de la montagne d'abriter sous les branches de leurs grands peupliers des chuchotements d'amour et des bruits de baisers.

TLEMCEN

L'arrivée à Tlemcen fait promptement oublier les
quinze heures de diligence que l'on vient de subir.
Après avoir parcouru un pays aride, au sol uniformément brûlé, on aperçoit tout à coup le vaste massif boisé
d'où émergent les minarets de la ville arabe. En quittant
la plaine pour s'engager dans les sinuosités de la colline,
la route traverse un véritable parc. Les oliviers séculaires
au feuillage sombre font ressortir plus vivement l'opulente verdure d'une flore toute française; les sureaux et
les cerisiers, dont Alger ne possède que des spécimens
étiolés, se développent là avec une exubérante vigueur;
leurs branches entrelacées augmentent l'épaisseur des
taillis sous lesquels l'herbe croît encore en dépit des
rigueurs de l'été.

Si belle que soit l'Algérie, si poétique qu'on la fasse,

on doit convenir que de pareils tableaux s'offrent rarement aux regards du voyageur; aussi l'enthousiasme qu'ils provoquent vient-il peut-être moins de leur beauté réelle que du contraste qu'ils forment avec le paysage habituel. Il faut avoir parcouru ces routes sans fin, où pas un arbre ne fait une tache d'ombre, où, à perte de vue, la même note monotone du jaune éblouit et aveugle, pour comprendre le charme pénétrant de la verdure durant les mois d'été.

Pendant une heure, on parcourt au trot ralenti des chevaux la montée qui aboutit à la ville. La clarté trop dure du ciel est tamisée par les hautes ramures, de clairs ruisseaux d'eau vive portent la vie et la force dans ces plantureux jardins. C'est bien là « la fraîche oasis » dont parle Musset.

Tlemcen est un point stratégique important; de hauts remparts l'entourent et la vieille forteresse du *Méchouar* dresse ses créneaux imprenables au beau milieu du quartier français. On dirait que la civilisation est venue se blottir sous la protection de cette massive gardienne.

Que de luttes autour de cette enceinte! que de combats dans ces rues ombragées, où circule maintenant une population paisible! Que de souffrances et de drames derrière les murailles de cette forteresse où bâillent aujourd'hui les factionnaires ennuyés!

C'est dans le Méchouar que la vaillante garnison de Coulouglis, commandée par Mustapha-ben-Ismaïl, lutta pendant six années contre les forces réunies des Arabes.

« Séparée, ignorée du reste du monde, sans espérance de secours, écrit le duc d'Orléans dans ses *Campagnes de l'armée d'Afrique,* sans retraite ni capitulation possible, destinée à s'éteindre au milieu des Arabes, cette brave garnison résista à l'ennemi, au découragement, aux privations : elle résista même à l'aveugle complicité de la France avec Abd-el-Kader, n'ayant que quatre cents fusils pour huit cents hommes; c'était au milieu des rangs ennemis qu'elle cherchait les armes qui lui manquaient dans des luttes individuelles dont le singulier caractère rappelait les combats antiques. »

Le commandant de cette vaillante milice, vieillard de soixante-quinze ans, à l'œil de feu, à la barbe blanche, jeune au combat, vieux au conseil, partout chef digne et imposant, remit aux Français les murailles de cette place qu'il avait gardée pour nous, sans nous et malgré nous.

Du dernier combat soutenu par ces héros, il ne reste plus qu'un souvenir.

Voici comment le même auteur l'a recueilli :

« Les Maures de la ville, appuyés par cinq cents hommes d'infanterie régulière et quelques canonniers, resserrent le blocus étroit du *Méchouar.* Les Coulouglis tentent en vain une sortie; après une lutte corps à corps, la vic-

toire est décidée par la bravoure personnelle d'Abd-el-
Kader, qui leur coupe soixante têtes et les renferme dans
leurs murs, où ils sont bientôt réduits aux abois. Joi-
gnant la dérision à la cruauté, l'émir leur fait jeter avec
des frondes les oreilles des braves qui viennent de suc-
comber et quelques morceaux de pain, « en attendant,
dit-il, la chair de porc que les chrétiens leur apportent ».
Un instant même, son khalifa, Ben-Nonna, homme de
couleur, soldat obscur, porté au rang qu'il occupe par
l'ardeur des passions qu'il tient de son père le nègre et
de sa mère la juive, se flatte de ne laisser aux Français
que les cadavres des Coulouglis. Il parvient à déterrer
des canons enfouis par des Espagnols et les met en bat-
terie devant la faible muraille où depuis six ans ses
efforts viennent échouer. »

Les boulets commençaient à ouvrir la brèche quand
l'arrivée, à marche forcée, de la colonne commandée par
le maréchal Clauzel vint jeter la panique dans les rangs
des assaillants et les obliger à gagner la montagne. Abd-
el-Kader lève précipitamment son camp et va le planter
dans les roches inaccessibles des crêtes de l'Atlas.

Ici encore il faut citer les *Campagnes de l'armée
d'Afrique* : « Les Français vont chercher l'émir dans ce
nid d'aigles. Les Coulouglis, heureux de respirer l'air
libre après un si long emprisonnement, gravissent résolument des sentiers impraticables, et les cavaliers douairs

et smalas, véritables hommes de cheval qu'aucun obstacle n'arrête, débouchent en même temps sur l'emplacement du camp ennemi. Le camp était levé, mais les troupes d'Abd-el-Kader, parmi lesquelles se trouvait une partie de ses réguliers, couvraient la retraite et avaient pris position à l'extrémité du plateau. Les indigènes enfoncent tout ce qui est devant eux. Le prince des croyants, exaspéré d'être vaincu par des musulmans au service des chrétiens, essaye de rallier ses soldats qui fuient à cette attaque impétueuse; en vain il leur crie : « Lâches!. « voyez donc qui vous avez devant vous! » Tout est tué autour de lui; son drapeau est enlevé à ses côtés, et lui-même, entraîné par le torrent des fuyards, est bien près de payer de sa vie son infructueuse ténacité. »

Au milieu de la mêlée, il a été reconnu et il est poursuivi à travers la déroute par quelques cavaliers qu'enflamme la perspective de débarrasser la France d'un tel rival. Le commandant Youssouf, surtout, le serre de très près; il continue pendant plusieurs lieues la chasse qu'il donne à l'émir. « En ce moment le destin de l'Afrique dépendit de la vitesse de deux chevaux; la lutte entre les deux peuples fut un instant réduite aux proportions d'une course. Si l'émir eût été pris, l'empire de l'Afrique nous appartenait, mais il échappa encore cette fois... A la nuit, entièrement seul, sans tente, sans nourriture, sans feu, Abd-el-Kader coucha à côté du cheval auquel il devait la vie; il remercia Dieu de l'avertissement qu'il venait de lui donner de ne plus compromettre avec sa personne la fortune de son peuple, et il se chargea bientôt de prouver aux Français que, par cela même que tout finissait avec lui, rien n'était encore terminé tant qu'il était libre et debout. »

Il était difficile d'entrer à Tlemcen sans évoquer ces souvenirs d'un intérêt si palpitant et, avouons-le un peu à notre honte, si complètement ignorés de la plupart des Français.

Tlemcen est une ville charmante où l'on trouve encore, au milieu de la plus verdoyante des oasis, de fort beaux vestiges de l'architecture arabe.

Beaucoup d'indigènes l'habitent, et, quoique l'élément français soit mêlé en assez grande proportion à l'élément musulman, celui-ci a gardé intacts ses mœurs, son langage et son caractère. Aucun mélange, aucun amalgame, ne s'est produit entre les deux peuples, en dépit du contact incessant que le commerce et l'industrie provoquent entre gens cultivant le même territoire, habitant la même cité. Chose curieuse, les Français n'ont pas l'air d'exister pour les Arabes. Ceux-ci savent que là, près d'eux, tout un quartier est envahi par de vilaines maisons, monotones d'aspect et laides de forme, que les *Roumis* et les juifs remplissent les magasins et les cafés, mais cela leur

est égal. La ruelle qu'ils habitent n'en est pas moins paisible, leur demeure n'en est pas moins bien close, et,
quand ils laissent retomber sur leurs talons la lourde
porte de leur logis, ils peuvent se croire encore à la plus
fraîche époque du fanatisme, tant le bruit de l'activité
française est incapable d'arriver jusqu'à eux.

Quelle bizarrerie et quelle élégance dans ces rues
étroites, où les constructions, dédaignant la ligne droite, se
groupent sans ordre, suivant la fantaisie du propriétaire!

Ici, c'est une masure aux saillies proéminentes, qui
conserve, autour de la grille ouvragée d'une lucarne, un
merveilleux encadrement de marbre travaillé comme de
la dentelle; là, sur cette porte vermoulue, s'étale un marteau de cuivre finement ciselé qu'un amateur payerait au
poids de l'or; plus loin, un vestige de corniche laisse voir
d'adorables faïences dont on peut reproduire le dessin,
mais qui gardent comme un secret la douce harmonie de
leurs couleurs. Partout, un sentiment artistique est tra-
duit, sans recherche, j'allais dire sans préméditation,
tant cela paraît naturel à ce peuple étrange qui conserve
au milieu de sa barbarie comme un parfum de sa civilisation passée.

Les mosquées sont nombreuses à Tlemcen, et toutes
possèdent un minaret plus ou moins délabré sur lequel

les cigognes viennent faire leur nid au printemps; les
monceaux de broussailles qu'elles accumulent pour façonner leur habitation semblent d'énormes fagots disposés là pour ramoner une cheminée imaginaire. Jusqu'au mois de juillet, on voit ces hôtes paisibles apporter
à leurs petits des couleuvres ou des lézards verts que
les becs jaunes de la bande affamée ont vite mis en
pièces. Jamais un Arabe ne se permettrait de troubler
l'oiseau « au long bec emmanché d'un long cou ». Aussi
les cigognes, en Algérie, sont-elles aussi peu farouches
que nos oiseaux de basse-cour.

Il n'en est pas de même des femmes qui, ici plus que
partout ailleurs, échappent à tout examen et déroutent
toute curiosité; le grand haïk qu'elles jettent sur leur
corps enveloppe la tête d'une manière si étroite que
leur regard peut à peine passer par l'étroit triangle d'une
ouverture que la main agrandit et resserre à volonté.
Les fillettes, heureusement, ne sont pas astreintes à
cette vilaine mode; on les rencontre à chaque pas, le
corps enfermé dans une légère robe sans pli tombant
des épaules et retenue à la taille par une ceinture de
cotonnade; une petite coiffure pointue, faite de velours
grenat et quelquefois garnie de sequins, retient, par une
mentonnière brodée, leurs cheveux ébouriffés, rougis de
henné; leurs pieds traînent après eux des sandales sans
quartier, et leurs oreilles sont chargées de cercles de

cuivre ou d'or auxquels des bijoux, semblables à nos breloques de montre, sont enfilés à profusion.

Ces cercles, plus grands que l'oreille elle-même, la percent en deux endroits, en haut et en bas, et chacun d'eux exige des trous particuliers. Il en résulte une véritable mutilation. Pour atténuer la gêne que doit causer ce singulier ornement, on le soutient en le fixant par des fils de soie à la coiffure. Il va sans dire que le nombre des cercles et la quantité des bijoux qu'ils supportent sont en raison directe de la fortune des parents.

Les maisons de la ville arabe sont à peu près toutes construites d'après un plan uniforme.

On descend cinq marches démesurément hautes et si étroites que le pied ne peut y poser franchement qu'en travers; cette gymnastique faite, on arrive dans une cour carrée, ornée de colonnettes dont souvent un cep de vigne vigoureux dissimule l'imperfection. C'est la pièce principale, le soleil y a ses grandes entrées, et, pour payer l'hospitalité qu'on lui donne, il découpe, sur le sol aux carreaux rouges et sur les murs blanchis de chaux, la courbe pure des arcades noyées dans la fine dentelle du feuillage.

Au centre de la cour, une vasque de marbre ébréché retient l'eau limpide qu'un roseau planté verticalement laisse retomber avec un léger murmure. Les portes manquent aux ouvertures qui donnent accès dans les quatre chambrettes fermant les côtés de ce quadrilatère.

C'est peu, et il paraît que c'est assez, car les propriétaires les plus riches de ces habitations modestes n'y apportent aucune amélioration.

L'Arabe est un indolent; ce que nous appelons le confort, lui est étranger; il se livre avec délice à la vie contemplative, ne faisant rien, pensant peu et goûtant le charme pénétrant d'une sorte d'extase, que la pureté de l'air, la tiédeur de la température, la largeur des horizons provoquent sans doute, mais n'expliquent pas. Le climat fait les hommes, et là, où les sens sont constamment charmés par les impressions du dehors, l'activité individuelle est nulle ou à peu près.

Cependant quelques industries existent à Tlemcen; elles se sont groupées dans une des rues de la ville et occupent un certain nombre d'indigènes. Ce quartier laborieux n'est pas le moins curieux à parcourir.

Là, dans des échoppes où un homme peut à la rigueur tenir debout, mais où il aurait grand'peine à se tenir couché, d'habiles ouvriers fabriquent des armes, des bijoux et des étoffes. L'outillage de toutes ces usines microscopiques est des plus primitifs. On dirait des joujoux d'enfant. Le joaillier, accroupi sur une natte, possède pour tout instrument un petit fourneau de terre qu'un

tuyau met en communication avec une peau de bouc servant de soufflet : voilà pour le chalumeau. Ajoutez à cette
pièce maîtresse un petit étau fiché en terre, près duquel
des marteaux, des pinces, des fioles sont pêle-mêle ré-
pandus au milieu de morceaux d'or et d'argent, de
bijoux inachevés, d'anneaux brisés, de bracelets tordus.
Ce fouillis ne manque ni d'originalité ni de couleur.

Même simplicité chez le voisin l'armurier; seulement
l'étau est un peu plus fort, les marteaux un peu plus
gros et l'encombrement plus grand. Yatagans recourbés,
pistolets aux montures d'argent, longs fusils à la crosse
incrustée de corail et d'ivoire traînent dans tous les coins
et tapissent les murs. L'homme se meut librement parmi
ce désordre qui est moins un effet de l'art qu'un effet
d'incurie et d'insouciance.

Les plus curieux à observer, ce sont les tisserands;
ceux-ci ont renversé toutes nos notions géométriques et
ont prouvé que le contenu pouvait être plus grand que le
contenant.

Dans des boutiques aux dimensions dérisoires, ils trouvent moyen de loger un métier encombrant, tous les
ustensiles de leur industrie et de se loger eux-mêmes.
Comment peuvent-ils bouger dans l'étroit espace dont ils
disposent? C'est ce que les clowns capables d'entrer dans
des boîtes pourraient seuls expliquer. Cependant la petite

navette court de droite et de gauche avec une rapidité merveilleuse, et les roseaux qui fixent la trame s'agitent en battant les murailles à chaque coup de pédale.

Les étoffes que l'on fabrique ainsi sont d'une solidité à toute épreuve. Il n'est pas rare de voir dans les familles arabes un burnous abriter les aînés de deux générations.

Tout est contraste dans ce singulier pays! En sortant de la ruelle où la barbarie semble bégayer son premier mot de civilisation, on se trouve en face d'une élégante mosquée — transformée aujourd'hui en école — où l'art le plus recherché a semé à profusion ses délicates fantaisies. L'Alhambra peut offrir d'aussi jolis spécimens, mais ne possède rien de plus finement découpé que ces dentelles de plâtre qui garnissent les ogives et montent jusqu'aux solives de cèdre du plafond.

Est-ce bien le peuple arabe qui a accompli ces merveilles de goût dont on voit les vestiges un peu partout dans les innombrables mosquées de Tlemcen? Est-ce lui qui a martelé ces cuivres où s'enchevêtrent des lignes si harmonieuses? Est-ce lui qui a trouvé le secret de ces coloris vigoureux et doux tout à la fois, qui brillent sous l'émail de ces belles faïences? Est-ce lui enfin qui a enfanté cette architecture originale, étrange, dont chaque détail accuse une recherche infinie, dénote un sentiment artistique si élevé?

Oui, c'est bien lui, mais il ne paraît pas s'en douter. Il contemple ces débris de splendeur sans orgueil et sans joie, et, s'il tient à les conserver, c'est affaire d'habitude. Il n'admire pas, mais il jouit de l'admiration des étrangers sans comprendre que ces témoins du passé marquent le degré de son abaissement et de sa chute.

BOU-MEDDINE

A quelques minutes de Tlemcen s'élève la petite ville arabe de Bou-Meddine. Les oliviers et les figuiers qui l'entourent semblent en faire le siège, tant la verdure presse les murs écroulés et les petites maisons blanchies à la chaux. Les assaillants paraissent même avoir des accointances dans la place, car plus d'un a planté ses vigoureuses racines sur le sol des demeures dont les terrasses effondrées livrent passage à leurs ramures.

Les ruisseaux des sources, ne trouvant pas de meilleur chemin, coulent en cascade par les rues étroites et les bêtes des étables, lâchées en liberté, hument la fraîcheur du courant en mouillant leurs sabots poudreux dans l'eau limpide.

Bou-Meddine est exclusivement habité par des musulmans; aucun Français n'y a établi son domicile, aussi les

Arabes sont-ils là chez eux et y vivent-ils à leur guise, c'est-à-dire au milieu de la plus parfaite inaction et du plus profond silence.

Parfois on voit bien cheminer devant soi la silhouette d'un passant qui, ses babouches à la main, monte lentement les hauts degrés de pierre, mais ces apparitions sont rares, et le plus souvent on ne rencontre sur sa route que quelques groupes de jolis enfants dont les jeux s'arrêtent à votre approche.

Leurs grands yeux étonnés, où se lisent la curiosité et la crainte, suivent vos moindres gestes, et il suffit alors d'un sourire pour ramener la gaieté dans la bande interdite. Quand la glace est rompue, le plus hardi vous aborde en tendant la main, mais avec un air de si franche gaminerie qu'il ne s'attache à l'aumône aucune idée de pitié.

A l'une des extrémités de la ville est la belle mosquée dont la porte a servi de modèle à l'entrée de l'exposition algérienne au Trocadéro. Son élégant minaret découpe sa fine silhouette sur le ciel bleu. Une ruelle pittoresque, bordée d'un côté par des jardins, de l'autre par une haute muraille où les végétaux accrochés aux fentes tentent l'escalade de l'enceinte, vous conduit à l'édifice.

On franchit bientôt le seuil d'une cour, propre comme un logis hollandais, et tandis qu'on laisse à sa gauche le prétoire du cadi, on aperçoit à sa droite les premières marches du sanctuaire. La justice arabe se rend toujours dans le voisinage de la mosquée, — souvent même le prétoire n'est qu'une dépendance du temple. — Cela a le double avantage de permettre aux juges d'être plus directement éclairés par les lumières du Très-Haut, et aux plaideurs malheureux de porter sans délai leur cause devant le tribunal suprême.

En dépit du talent de l'architecte, à qui l'on a dû la construction du palais algérien, il faut convenir que la copie ne rappelait que de très loin le modèle.

L'entrée de la mosquée de Bou-Meddine est une merveille.

Les courbes gracieuses en ont bien été reproduites à l'Exposition, mais la gamme des couleurs, le charme des tons ont été, il faut en convenir, outrageusement défigurés. Est-il donc irrévocablement perdu, le secret de ce coloris oriental, si hardi dans ses oppositions et cependant si constamment harmonieux? Ne pourra-t-on plus retrouver la composition de cette pâte laiteuse qui brille d'un si pur éclat sous l'émail des faïences? Hélas! c'est à craindre, si l'on en juge par la dernière tentative faite au Trocadéro.

Malheureusement toutes les ornementations que la main destructice de l'homme a pu atteindre sont mutilées

ou ont disparu. Le marteau des collectionneurs a été
remplacé là par l'avidité des conquérants, et les arabes-
ques en cuivre qui couvra.ent les panneaux des massifs
battants de la porte ont été arrachées jusqu'à hauteur
d'homme. Ces déprédations regrettables, commises par
les tribus belliqueuses, qui tour à tour ont pris et perdu
Tlemcen, n'enlèvent pas au monument le caractère de sa
riche originalité. A l'intérieur, les murs ont conservé
quelques beaux spécimens de ces dentelles de plâtre dont
les Maures savaient si bien revêtir la nudité de leurs
édifices. A côté de ces richesses, l'œil n'est pas peu surpris de trouver des piliers mal dégrossis, voilant leur
misère sous un manteau de chaux.

Ces contrastes se rencontrent partout dans l'architecture des Arabes, qui, par aversion pour le médiocre, passent du laid au beau sans chercher une transition.

On retrouve bien là l'empreinte du caractère d'un
peuple qui cache sous ses haillons des sentiments cheva-
leresques et auquel la pauvreté la plus abjecte n'enlève pas toujours une certaine allure de grandeur.

J'ai appelé Bou-Meddine une ville; c'est lui faire trop
d'honneur, vu ses dimensions exiguës; mais, si étroite
que soit son enceinte, on ne peut la parcourir sans se
sentir vivement impressionné : c'est une ruine habitée
par des vivants. Pas une maison n'y est intacte, les murs

s'écroulent, les terrasses s'effondrent, et les propriétaires indolents assistent impassibles à ce spectacle. Chaque année, ils couvrent soigneusement d'un badigeon de chaux les vestiges vermoulus de leur demeure, sans tenter même de les relever, et cherchent un abri dans les coins que le temps respecte encore.

Quoi qu'il en soit, si c'est une agonie, il faut savoir gré à ceux qui la subissent de lui donner un aspect si peu maussade. La blancheur de ces habitations dévastées rit sous le gai soleil, et les arbustes qui sortent des lucarnes, les herbes folles qui s'accrochent aux parois délabrées, les pampres qui grimpent après les solives disjointes, semblent dire aux passants que l'on peut vivre heureux parmi les ruines. De fait, les gens que l'on rencontre ont l'air satisfaits de leur sort : nul ne les importune dans l'endroit où ils vivent.

Il leur plaît de laisser couler l'eau au milieu de la chaussée, et aucun agent de l'autorité ne s'y oppose; leurs bêtes connaissent le chemin du logis et errent dans les rues sans licol ni gardien, et le garde champêtre ne dresse pas procès-verbal; leurs maisons tombent, et on ne les force pas à les relever; quand la nuit vient, on ne les contraint pas à éclairer le dédale de leurs rues; enfin ils peuvent parcourir tout leur petit empire sans rencontrer un Français ou un juif, et, au dehors, ils ont un enclos, pas bien grand, mais où le blé pousse de hautes tiges dans une terre généreuse, où les oliviers donnent sans culture d'abondantes récoltes.

Cela leur suffit et doit suffire aux sages.

Candide, qui connaissait le monde pour l'avoir beaucoup parcouru, trouvait que le meilleur, en somme, était de cultiver son jardin. Les habitants de Bou-Meddine commencent par où Candide finissait : ce sont des philosophes à leur manière.

BISKRA

En deux jours, la diligence qui part de Constantine vous amène dans l'oasis. Là, on rencontre des forêts de vrais palmiers, des troupeaux de vrais chameaux : décor peu familier à un œil parisien.

Les dattes sont à peu près la seule ressource des Arabes de cette contrée, ressource fort importante du reste : on peut en juger par le prix de l'impôt qui frappe de un franc chaque pied de palmier.

Ce fruit savoureux, qui ne figure sur nos tables que comme une superfluité assez étrange, forme la base de l'alimentation des indigènes du Sud. C'est la datte que l'on emporte en voyage au fond d'un vieux sac de cuir et qui, durant les longues traversées du désert, est la seule nourriture du voyageur. Non pas la datte que nous recherchons, molle, brillante, presque confite dans son miel, mais la datte sèche, résistante. Aussi Européens et Orientaux peuvent s'entendre à merveille, nos commerçants ne recherchant que le rebut des marchés africains.

En traversant ces grandes forêts dont les palmes serrées arrêtent presque complètement les rayons du soleil, on assiste à une opération singulière dont il est difficile tout d'abord de comprendre l'économie : des hommes juchés sur le haut de quelques palmiers abattent impitoyablement la tête de ces beaux arbres et creusent au sommet du tronc un vaste entonnoir dans lequel ils ne tardent pas à puiser une liqueur limpide. Cette liqueur, qui n'est autre que la sève du dattier, donne un vin très recherché par les fils de Mahomet auxquels le jus du raisin est absolument interdit.

Je demandai un jour à goûter de cet étrange breuvage. Une tasse à demi pleine me fut tendue et j'y trempai mes lèvres, non sans appréhension. Cette appréhension disparut vite, car la boisson était vraiment excellente; je ne saurais mieux la comparer qu'à notre champagne pour le piquant et la douceur, et je pourrais pousser plus loin ma comparaison, car, après avoir vidé la dernière goutte, je me sentis dans ce bienheureux état d'esprit où l'on commence à voir tout s'animer autour de soi et où le chemin que l'on suit n'a plus aucun rapport avec la ligne droite.

Un Anglais, en compagnie de qui je voyageais, se moqua de ma faiblesse, et, pour me prouver la supériorité de l'Angleterre sur la France, avala d'un trait une dose double au moins de celle que je venais de prendre. Après ce beau coup, on dut le ramener chez lui malgré ses protestations énergiques.

Le lendemain, un Français de l'endroit, auquel nous racontions notre expérience de la veille, nous apprit que le vin de palmier n'en faisait jamais d'autre, et que, pour cela, il était expressément défendu aux Arabes de vendre ce breuvage aux soldats de la garnison. Grâce à cette sage mesure, les soldats n'en boivent jamais... devant leurs chefs, mais les fossés de la ville et les taillis des environs abritent plus de buveurs que les guinguettes de nos barrières.

La pierre de taille n'a rien à démêler avec les façades des édifices musulmans, et c'est en terre argileuse mélangée de fiente de chameau que sont construites les masures des pauvres et les demeures plus luxueuses que coiffent les blancs marabouts surmontés du croissant. Ce sont les femmes qui fabriquent ces étranges matériaux de construction, et c'est plaisir de voir avec quel entrain elles battent de leurs pieds le singulier mélange dont elles tirent ensuite de larges et épaisses briques, que le soleil seul a mission de cuire. Une fois sèches, ces briques

sont d'une solidité incroyable ; la pluie ni la chaleur ne
les détériorent, et les vieilles mosquées de la ville
prouvent que pas n'est besoin de moellons et de chaux
pour construire solidement.

Il est vrai que les murs de ces édifices ont deux ou
trois mètres d'épaisseur, ce qui est d'un luxe tout à fait
égyptien.

Non seulement la fiente de chameau sert à bâtir les
murs des maisons, mais on l'emploie encore dans la confection des toits ou, pour mieux dire, des terrasses.
Quelques troncs de dattiers composent la charpente, les
longues palmes de cet arbre précieux forment le plafond,
et le tout est recouvert de ce mortier primitif, inconnu
dans nos contrées civilisées. Les Arabes ont horreur du
progrès : ainsi bâtissaient leurs pères, ainsi ils bâtiront
pendant des milliers d'années, à moins cependant que
la race des chameaux ne vienne à disparaître d'ici là; auquel cas la population de Biskra se trouverait fortement
embarrassée, car le Biskri prétend que, sans le palmier
et le chameau, la terre ne serait pas habitable.

Ah! le palmier, il faut entendre chanter ses louanges
par ceux qui en récoltent le fruit! Ils ne tarissent pas
sur ses mérites et affirment que tout en est bon, depuis
la sève qui produit le vin jusqu'aux tiges élancées dont
les fibres servent à faire de véritables tissus et per-

mettent de confectionner aussi des nattes et des corbeilles d'une solidité incomparable.

Le seul inconvénient du palmier, c'est le sexe ; s'il
était hermaphrodite, il serait parfait. Mais il faut l'ac-
coupler pour le faire reproduire, c'est là le difficile.
Les arbres femelles seuls produisent des régimes, mais
c'est à la condition d'être fécondés par un mâle. Ajoutons que ce dernier est capable de satisfaire des centaines d'épouses, pourvu que celles-ci cependant ne soient
pas trop éloignées de leur seigneur et maître. Le vent
alors se charge de répandre le pollen fécondant sur les
fleurs environnantes, ce qui a permis à Musset d'écrire
ces deux beaux vers, restés dans toutes les mémoires :

O feuilles des palmiers, reines de la verdure,
Qui versez vos amours dans les airs embrasés !

Et c'est pour faciliter ces amours que les Arabes se
livrent à une opération horticole des plus curieuses : ils
vont dans la campagne chercher un sujet mâle, lui
coupent la tête, la rapportent dans leur enclos et la
fixent sur un tronc femelle préalablement décapité. Au
bout de peu de temps cette greffe gigantesque commence
à pousser de verts rameaux, et la plante paraît oublier
la mutilation qu'on lui a fait subir : de femelle qu'elle
était, elle est devenue mâle. Pauvre plante !

LES COURSES

Les courses qui ont lieu aujourd'hui à Alger n'offrent plus le caractère de haute originalité qu'elles présentaient, il y a quelque quinze ans, quand les Arabes y prenaient part.

Alors, des limites de nos possessions africaines accourait toute une foule de chefs indigènes, jaloux d'étaler aux yeux des Français leurs riches costumes et leurs plus beaux chevaux.

Un mois avant l'époque fixée, les routes des environs d'Alger étaient sillonnées par de petites caravanes dont le cachet plaisait singulièrement aux étrangers.

Les chefs arabes ont conservé un très grand luxe, et le moindre caïd de la tribu la plus obscure se serait cru déshonoré s'il n'avait amené avec lui tout un monde de serviteurs.

A voir ces petites troupes, on se serait peu douté qu'elles arrivaient dans un pays civilisé. Les indigènes sont gens de précaution : ils apportaient avec eux leur bois, les grains nécessaires à leurs bêtes, leur viande et leurs légumes, voire même leur provision d'eau.

Les hôteliers n'avaient rien à faire avec ces visiteurs.

Jamais, en effet, il n'est venu à l'idée d'un fils de Mahomet de retenir un appartement pour lui et sa suite dans un hôtel en renom ; il trouve infiniment plus simple de déployer sa tente sur les coteaux de Mustapha, d'attacher son cheval au piquet et de n'avoir recours qu'à lui-même pour les besoins matériels de sa vie.

C'est plus sage et moins coûteux.

Campé sous la voûte azurée, en présence des splendides spectacles de la nature, l'Arabe passe beaucoup plus agréablement son temps que s'il allait se loger dans une chambre d'auberge ; là, du moins, pas de voisins incommodes, pas de bruit durant les heures de sommeil ; enfin, pour tout dire, pas de note à acquitter.

Arrivons au jour des courses.

Les indigènes mettaient sur le dos de leur plus beau cheval leur plus riche selle, se couvraient de leur plus éclatant burnous, prenaient leur fusil et arrivaient à heure fixe au rendez-vous général. Bientôt les coureurs allaient se pencher sur le cou de leur fringante monture et partir plus rapides que l'oiseau vers le but qu'il fallait atteindre. Les *hourras* de la foule les excitaient, ce n'était plus des hommes ; le coursier qu'ils pressaient de leurs genoux fiévreux s'identifiait à eux, c'était une troupe de centaures que l'on avait devant soi.

Mais ces courses n'étaient que le prélude de la grande, de la vraie fête, de la *fantasia,* pour tout dire en un mot.

A un certain signal, la piste était débarrassée des entraves, les voitures et les spectateurs s'éloignaient de l'enceinte réservée, et le champ était libre. Alors, sur un large front de bataille se plaçaient les cavaliers ; les étendards aux longs plis flottants s'agitaient de toutes parts. Lentement d'abord, la masse avançait ; puis l'animation gagnait, puis un semblant de bataille s'engageait, hommes et chevaux se croisaient et se heurtaient, les cris retentissaient, les détonations se succédaient ; c'était une mêlée formidable et superbe à la fois, qui tantôt disparaissait dans des tourbillons de poussière ou des nuées de fumée, tantôt apparaissait pour laisser entrevoir le gigantesque fourmillement de toute une armée en démence.

Peu de spectacles étaient aussi saisissants que celui-là ; une seule chose étonnait seulement, c'est qu'après ces *fantasia* on ne comptât pas les morts et les blessés par centaines.

Eh bien, non, le moindre accident était au contraire

exception rare ; les centaures avaient l'œil et le pied
sûrs, ils pouvaient impunément bondir parmi la mêlée et
décharger leurs armes au milieu des groupes les plus
compacts.

Le lendemain tout était fini, *la poudre avait cessé de
parler*, on pliait les tentes, on chargeait les bagages sur
les chameaux à l'air indolent, et les petites caravanes
reprenaient le chemin des lointains pays.

Adieu le bruit, adieu le tumulte, adieu les piaffements
et les hennissements des chevaux superbement harnachés !
La vie paisible des champs, le murmure monotone de la
source, le bêlement des moutons que conduit le pâtre,
succédaient à la fièvre du plaisir, aux cris perçants des
cavaliers emportés dans la mêlée, aux scintillements des
armes, à l'éclat des étendards et des riches costumes.

Aujourd'hui, ces fêtes n'existent plus et les courses à
Alger ne sont qu'une pâle copie des courses de France.
Le pittoresque y perd, mais on assure que les Arabes y
gagnent, car les coûteux déplacements que l'autorité
militaire imposait autrefois aux chefs donnaient prétexte
à des réquisitions qui écrasaient les prolétaires.

NOTES

LÉGENDES ET ÉTUDES

LE CABLE ALGÉRIEN

Les péripéties émouvantes qui accompagnèrent la pose du premier câble télégraphique entre Marseille et Alger constituent une page d'histoire complètement inconnue du public. La voici :

Quand il fut question d'établir une communication sous-marine entre la France et notre colonie africaine, le gouvernement impérial passa un traité avec l'une des plus importantes compagnies anglaises. Celle-ci se mit immédiatement à l'œuvre, confectionna les cent vingt lieues de câble nécessaires, puis fréta un navire muni d'un outillage spécial, qu'on envoya à Alger se mettre aux ordres de l'administration.

Il arriva à Alger quelques semaines avant le premier voyage que l'empereur fit dans cette ville; le temps était beau, en trois jours on pouvait terminer l'opération. Le commandant insista pour qu'on le laissât partir, faisant remarquer que septembre arrivait et que la grosse mer pourrait plus tard gravement compromettre la réussite de l'entreprise. On ne tint pas compte de ses observations, et ce fut après de longs jours d'attente que, par une forte bourrasque, on reçut l'ordre d'appareiller et de prendre immédiatement le large.

Cette décision précipitée était due à ce que le yacht impérial venait de quitter Marseille ; on voulait que la première dépêche télégraphique partant d'Alger annonçât à la France l'heureuse arrivée de Napoléon III sur la terre africaine.

Le navire se mit en marche. Grâce à l'habileté du commandant, on put, en dépit du mauvais état de la mer, atteindre, sans accident sérieux, la hauteur des îles Baléares. Là, une véritable tempête éclata ; on tint conseil à bord pour savoir si l'on ne couperait pas le câble. Les hommes énergiques qui délibéraient décidèrent de poursuivre leur route, malgré le péril. Ce fut à ce moment que l'on croisa le yacht impérial. Celui-ci allait prudemment chercher refuge dans le port le plus voisin.

Le lendemain, la mer devenant de plus en plus forte et les opérations de pose étant rendues impossibles par le gros temps, on renonça à aller plus loin ; on était à quatre-vingt-dix milles de Toulon, et le fil ne correspondait plus avec la terre ferme.

On résolut alors de couper le câble, d'y fixer une bouée et de gagner la côte. Mais, comme on se préparait à exécuter ce projet, une vague monstrueuse vint renverser le navire par le côté et du même coup rompit le fil. On eut cependant le temps de jeter un grappin qui en saisit l'extrémité, et une bouée fut adaptée à la chaîne du grappin. Cela fait, on gagna Toulon.

Durant un mois, la mer ne se calma pas. Enfin, profitant d'une éclaircie, le commandant anglais repartit à la recherche de la bouée. Sa tentative provoqua de la part de plusieurs marins d'ironiques plaisanteries. Se lancer à la recherche d'une bouée perdue en pleine mer ! Il paraît que c'était folie.

C'était en tout cas très hasardeux. On donna néanmoins une frégate pour accompagner l'expédition et il fut convenu que le premier des deux navires qui apercevrait la bouée signalerait sa découverte par un coup de canon.

On croisa durant plus de cinquante heures sans grand succès ; cependant tous les yeux étaient ouverts à bord, car on avait promis 100 francs au matelot ou au mousse qui, comme Archimède, s'écrierait: « J'ai trouvé! »

Après deux jours de recherches inutiles, au moment

où le découragement s'emparait de tous, un coup de canon se fit entendre. En effet la bouée avait été vue; mais la nuit, qui descendait rapidement, allait faire perdre encore le fruit de si laborieuses recherches. Que faire? Un seul moyen se présentait : fixer une lanterne sur le corps flottant. La mer était mauvaise; on voulut aborder : impossible! la vague envoyait la bouée comme un bélier sur le faible canot.

Enfin un homme, admirable de courage, prit la lanterne sur son dos, se jeta à la nage, parvint, après des efforts inouïs, à l'obstacle mobile, y fixa solidement la lumière, et put regagner l'embarcation où l'attendaient ses camarades. Grâce à cette action héroïque, les navires purent croiser une partie de la nuit autour du point lumineux.

Mais le malheur se mettait de la partie. Un flot impétueux éteignit tout à coup le feu qui servait de guide, et le lendemain, quand l'aube éclaira l'horizon, les courants avaient entraîné les explorateurs loin de leur point de stationnement.

Abrégeons.

Les recherches recommencèrent et furent couronnées d'un plein succès. On ramena le câble, on fit la soudure et l'on continua la route. Mais, à ce moment, la frégate, par une fausse manœuvre, voulant se rapprocher du

vaisseau anglais, piqua droit sur lui et, dans le mouvement qu'elle fit pour virer de bord, balaya si bien son
pont avec son beaupré, que câble, machine, cheminée,
mâts, engrenages de toutes sortes, furent jetés à la mer
en moins de temps qu'il n'en faut pour l'écrire. N'ayant
plus de cheminée, le navire prit feu ; le capitaine, avec un
sang-froid inouï, parvint à se rendre maître du désastre,
et, tant bien que mal, revint à Toulon.

La compagnie demanda des dommages-intérêts que
l'honnête administration de l'empire lui refusa tout
d'abord, cherchant déloyalement à rendre le capitaine
anglais responsable de l'accident. Enfin, l'indemnité fut
accordée ; mais M. de Vougy, alors à la tête du service
télégraphique, empêcha l'affaire d'aller au conseil d'État
et supprima prudemment les rapports défavorables de
ses agents. La France en fut quitte pour un million ou
deux, mais on lui cacha soigneusement la vérité.

Elle était pourtant curieuse à connaître.

LES FORÊTS

Il ne se passe pas d'année sans que les flammes ne dé-
vorent quelques milliers d'hectares du domaine forestier
de l'Algérie. Voilà plus de vingt ans que le fléau reparaît
à époques fixes, et, si l'on voulait additionner tous les
millions ainsi perdus, on arriverait à un chiffre colossal.

Sous l'empire, ces incendies coûtaient particulièrement cher, car non seulement l'État perdait ses plus
beaux massifs boisés, mais encore il devait les payer à
ceux qui les exploitaient. Voici comment les choses se
passaient : Des gens bien en cour, des parents ruinés,
pour remonter leur train de maison, obtenaient, moyennant une redevance dérisoire, la concession de forêts
de chênes-lièges grandes comme un département français.
Ils ouvraient quelques chantiers, expédiaient quelques
quintaux d'écorce et continuaient ce petit train-train

d'exploitation paternelle jusqu'au moment où le feu venait détruire le quart ou la moitié de leur concession. Alors ils arrêtaient tout travail, mettaient en jeu de hautes influences, et réclamaient au gouvernement des indemnités formidables, que celui-ci payait pour arrêter les clameurs et aussi pour obliger ses amis.

Aujourd'hui les choses ne se passent plus tout à fait ainsi ; on donne bien encore des concessions de forêts, mais c'est aux risques et périls des preneurs, et, quoi qu'il arrive, un désastre ne peut être pour eux une source de bénéfices. Or, coïncidence bizarre, les incendies ont beaucoup moins de gravité et sont beaucoup moins fréquents depuis que l'on a adopté ce système. Il ne faudrait pas croire cependant que le feu ne fasse plus de ravages en Algérie ; s'il paraît épargner relativement les massifs de chênes-lièges, il dévaste des bois de pins et d'oliviers, qui représentent encore pour la colonisation une richesse assez considérable.

Reste à savoir maintenant quelle est la cause de ce terrible fléau. Sur ce point, il y a peu de doutes à avoir : les incendiaires sont les indigènes, le fait est aujourd'hui bien constaté. Souvent la malveillance est le seul mobile qui pousse l'Arabe à jeter une torche enflammée dans les broussailles inextricables qui encombrent le sol des forêts algériennes. Mais parfois aussi la malveillance n'a rien à voir, et l'intérêt personnel est seul en jeu dans ces dévastations volontaires.

Cela s'explique de la manière la plus naturelle : l'Arabe est paresseux, défricher est pour lui un labeur beaucoup trop rude, et un tison enflammé est moins difficile à manier que la pioche. Le feu, qui purifie tout, ne tarde pas à ménager de larges espaces où les pluies de l'hiver ramènent les pâturages que l'ombre des branches avait anéantis; troupeaux et bergers trouvent leur compte à ce changement. Seulement la flamme est un auxiliaire redoutable : on avait l'innocente intention de ne brûler qu'un hectare ou deux, et l'on en brûle mille ; c'est un accident dont il faut prendre son parti, car enfin, si les choses se sont passées ainsi, c'est qu'apparemment elles ne pouvaient se passer autrement. Ainsi parlerait Pangloss et ainsi parle avec lui le fatalisme musulman.

Mais que le sinistre soit causé par l'imprudence ou par la méchanceté, c'est tout un pour celui qui en est la victime, et l'on doit chercher les moyens de remédier au mal, soit qu'il provienne des fous, soit qu'il provienne des criminels. Ce moyen, on ne l'a pas précisément trouvé, mais, en le cherchant, on a du moins découvert un procédé dont les effets sont excellents : il consiste en ce qu'on appelle la « responsabilité collective des tribus ». C'est un procédé un peu énergique, et les légistes pourraient en discuter la valeur légale, mais il donne de bons résultats et, faute de mieux, l'on est bien obligé de le mettre en pratique. Un incendie survient; sur quel point s'est-il déclaré ? Cela est facile à connaître, et, comme ce point fait toujours partie d'un territoire de tribu quelconque, on impose à toute la tribu une amende égale ou supérieure au chiffre du désastre.

Il n'y a qu'un coupable et l'on condamne deux mille innocents.

C'est incontestablement fâcheux, cependant l'expérience prouve que c'est logique, car, après de pareils châtiments, les membres de la tribu voisine veillent attentivement à ce qu'un des leurs ne se livre pas à la distraction coûteuse de préparer son café auprès d'un tas de feuilles mortes ou de faire griller son mouton dans un fourré que cinq mois de sécheresse ont admirablement préparé pour recevoir et communiquer la flamme.

LES SMALAS

Parmi les nombreux gouverneurs qu'a possédés la colonie, il s'est trouvé beaucoup de généraux aux idées étranges. Or, le premier soin de ceux-ci, lorsqu'ils arrivaient à la direction des affaires, était de réaliser les vastes plans conçus durant les heures d'oisiveté de la vie de garnison. Cela coûtait bien un peu cher; mais la France, de tout temps, a été assez riche pour payer sa gloire et surtout ses hommes de gloire. Aussi ne lésinait-on jamais sur le prix, et tout projet, praticable ou non, pouvait librement et largement s'épanouir sous le beau soleil d'Afrique. De ce nombre, et en première ligne, on doit citer les *smalas*.

De quoi s'agissait-il à l'origine? On voulait reconstituer le type du soldat laboureur.

Pour cela, on prenait des Arabes qui n'avaient jamais été laboureurs et qui avaient bien de la peine à devenir soldats; on installait ce personnel dans de vastes bâtiments élevés à grands frais en plein pays indigène, loin de toute civilisation.

Chaque spahi recevait un lot de terre, construisait sur ce lot le gourbi où sa femme et ses enfants venaient s'abriter, puis il louait son champ à un malheureux fellah qui cultivait, ensemençait, récoltait et donnait à son propriétaire oisif les quatre cinquièmes du produit qu'il recueillait. Le spahi, lui, regardait travailler son fellah, mais se gardait bien de mettre la main à la charrue : cela l'eût pour jamais déshonoré, et les Arabes tiennent à l'honneur.

Au camp, on exigeait d'eux fort peu de service, parce qu'on les supposait constamment occupés à leurs travaux agricoles. Il en résultait que la vie s'écoulait doucement pour ces braves gens, si doucement même que lorsqu'on voulait les déplacer et les envoyer en expédition quelque part, ils murmuraient et parfois allaient jusqu'à refuser net d'exécuter l'ordre de leur chef indigène.

Il y avait encore pour nous d'autres avantages dans cette précieuse institution. Les spahis, ayant leur famille autour d'eux, échappaient complètement à l'influence du

contact européen, et leur fanatisme faisait de chacun
d'eux autant d'ennemis de notre domination. Cela était
bien facile à prévoir; cependant on s'était imaginé toute
contraire, et, quand on organisa les smalas, on était
persuadé que ces agglomérations de cavaliers, disséminés
dans le pays, préviendraient au besoin tout mouvement, réprimeraient toute révolte. C'était admirablement
calculé, mais la première révolte qui éclata fut précisément fomentée par les spahis, qui prirent le large et
nous envoyèrent les balles des fusils perfectionnés dont
on leur avait appris le maniement.

En dépit de ces sévères leçons de l'expérience, on
maintint longtemps les smalas. Pouvait-on faire autrement, puisque des millions avaient été consacrés à l'édi-
fication des établissements qui leur étaient affectés? Le
seul moyen connu en France de réparer une sottise est
d'y persister.

Ce n'était pas seulement une triste école de soldats,
c'était encore pour les officiers un lieu de démoralisation
omplète. La solitude, lorsqu'elle n'a pas pour compagnon
le travail, engendre bien des vices, et l'absinthe nous a
perdu là bon nombre de jeunes hommes dont les services
n'auraient pas été inutiles lors de notre dernière guerre.
Elle était mortelle, la vie de ces malheureux. Ils épui-
saient vite les ressources que la chasse et le cheval pou-

vaient leur offrir, et la buvette finissait par accaparer tous leurs moments.

Un beau jour pourtant, il n'y a pas bien longtemps de cela, voyant les pitoyables résultats que l'on obtenait, on se décida à licencier les smalas; les petits gourbis furent abandonnés; le café maure, où se vautraient si nonchalamment les longs burnous rouges, devint désert, et on put inscrire un nouvel article au chapitre des utopies algériennes.

Quel chapitre que celui-là!

LES VIGNES IMPÉRIALES

L'initiative privée est en train de faire de l'Algérie un pays de production vinicole; il n'est pas sans intérêt de rappeler comment l'initiative gouvernementale avait tenté d'atteindre ce résultat.

C'était sous l'empire. Le souverain qui devait nous conduire à Sedan, après avoir parcouru la colonie, avait rêvé de transformer subitement les arides plateaux du Sud en plantureux vignobles. L'idée était sublime, comme était sublime ce qui sortait de ce cerveau césarien. Pour la réaliser, que fallait-il? De l'argent, on en avait; de l'intelligence, on se piquait de n'en pas manquer; et de bons auxiliaires, chose fort commune, comme chacun sait, dans le personnel de l'administration impériale. De retour dans sa bonne ville de Paris, le monarque assembla les fortes têtes de son entourage, leur fit part de son projet, et il fut décidé, séance tenante, que l'on expédierait six millions de ceps de vigne aux populations indigènes en leur intimant l'ordre formel d'avoir à les faire pousser.

Des commissions furent constituées pour étudier quels cépages conviendraient mieux à telle ou telle partie du territoire algérien. Les rapports arrivèrent, personne n'en prit lecture : ce qui n'empêcha pas le ministre de l'époque d'affirmer, devant le Corps législatif, que l'étude de la question étant on ne peut plus complète, on devait sans retard passer à l'exécution. Les fonds furent votés d'emblée et l'on se mit à l'œuvre. Comment? C'est ici que l'histoire amusante commence.

Comme il s'agissait d'une entreprise agricole, on fit choix des officiers de bureaux arabes pour la mener à bonne fin. Ceux-ci, fiers de leur mission, réunirent les chefs des différentes tribus placées sous leur commandement et leur expliquèrent le projet grandiose du gouvernement. Les caïds, en apprenant de quoi il s'agissait, hochèrent la tête et répondirent que leurs administrés étant pasteurs pour la plupart feraient de piètres vignerons, et que mieux valait les laisser à leurs occupations ordinaires que de les atteler à une besogne pour laquelle ils n'avaient aucune aptitude.

Ce n'était, ma foi! pas trop mal raisonner pour des Arabes; mais que pouvaient les plus beaux raisonnements du monde quand l'empereur avait parlé? Les administrateurs militaires ripostèrent donc : « Ce n'est pas de votre avis qu'il s'agit, mais d'un ordre à exécuter; vous allez tous retourner chez vous et enjoindre aux membres de votre tribu de creuser de longues tranchées destinées à recevoir les céps que sa gracieuse majesté daigne vous expédier. Vous disposerez vos fosses de telle et telle manière; vous leur donnerez telle profondeur, telle largeur, et il faut qu'avant un mois vous en ayez préparé tant de kilomètres. »

Suivait, pour chacun, la désignation exacte de l'importance des travaux qu'il avait à faire accomplir.

Rentrés chez eux, les chefs annoncèrent à leurs subordonnés la volonté suprême du *baelick* — lisez gouvernement — et des murmures de mécontentement leur répondirent. Ce n'était pas, en effet, une petite affaire pour des bergers, que de manier la pioche; et, pour les cultivateurs, c'était une vraie ruine que de renoncer aux travaux ordinaires de leurs champs pour s'enterrer dans les tranchées officielles. Cependant il n'y avait pas à hésiter : bon gré, mal gré, il fallait se soumettre, et puis, comme disaient les officiers de bureaux arabes, si l'empereur exigeait cela, c'était après tout pour le bien du pays : avant trois ans, toutes les tribus regorgeraient de richesses et ne sauraient plus que faire des bénéfices considérables que leur procurerait la culture de la vigne.

Riante perspective! mirage trompeur! Les pauvres diables se mirent à l'œuvre, et, quand leur tâche fut terminée, un inspecteur spécial vint constater la qualité et la quantité des travaux exécutés.

Tout était prêt enfin ; il ne restait plus qu'à faire venir les ceps de France et à les planter. Cela, c'était l'affaire exclusive de l'administration. Tout allait donc marchèr pour le mieux.

On chargea, en effet, des navires spéciaux, et un beau jour les Algériens virent débarquer sur les quais de leur port six millions de ceps de vigne que la lenteur des transports et la négligence des expéditeurs avaient déjà laissé séjourner plus de trois semaines dans les différentes gares du Midi. Une fois les ceps arrivés, on procéda officiellement, bureaucratiquement, c'est-à-dire qu'on ne se pressa pas ; les bureaux s'occupèrent lentement de la chose, et, durant huit jours, les malheureux sarments demeurèrent exposés aux rayons du soleil d'Afrique, ce qui les grilla un tant soit peu ; mais c'était là un détail. Enfin, on se décida à faire la distribution générale et à répartir entre les différents cercles militaires les petits fagots de bois déjà sec qui devaient réaliser la grande idée impériale.

Quand les bureaux arabes eurent reçu chacun sa part,

on ordonna de nouveau aux caïds de venir prendre livraison de leurs plants de vigne — ceci demanda bien encore deux bonnes semaines — et on couronna l'édifice en leur livrant, avec grande pompe et force paroles d'encouragement sur le succès de leur entreprise, les paquets de sarments dont pas un brin seulement n'était utilisable. Ils voulurent le faire remarquer; mais on ne raisonnait pas avec les administrateurs militaires, et, pour toute réponse, ceux-ci leur enjoignirent de procéder immédiatement aux plantations.

Ce qui advint par la suite, on s'en doute un peu. Les morceaux de bois mort que l'on avait plantés refusèrent, avec une mauvaise volonté évidente, de produire du raisin, et quand, un an après, une commission fut chargée d'aller apprécier sur les lieux le développement des vignobles indigènes, elle erra mélancoliquement, durant tout le temps de son voyage, au milieu de vastes espaces dénudés que marquaient d'endroit en endroit des lignes régulières de petits piquets de bois symétriquement placés. Ces petits piquets de bois, ne riez pas, c'était la réalisation du grandiose projet conçu par le monarque accoutumé à faire grand.

Que de tentatives de ce genre ont été faites en Algérie!

LE RAVIN DE LA FEMME SAUVAGE

Aux environs d'Alger, dans un site auquel les boule-versements du sol donnent un aspect étrange, court un ravin dont les flancs sont couverts d'une végétation luxuriante. Ce ravin est connu sous le nom du *ravin de la Femme sauvage*, et voici la légende que content volontiers les rares habitants, indigènes de l'endroit :

Autrefois, c'était bien avant la conquête, une fille arabe, d'une grande beauté, nommée Beya-ben-Moham-med, avait été aperçue à une des ouvertures de la de-meure de son père par un émissaire du dey spécialement chargé de recruter des esclaves pour peupler le harem de son maître. Beya avait alors quinze ans et était le type oriental le plus pur, le plus noble que jamais aient éclairé les chauds rayons du soleil africain.

Quelle magnifique proie à emmener captive dans le palais du dey!

Pour arriver à un pareil but, l'émissaire en question fut trouver le père de la jeune fille et lui fit des propositions capables de tenter le plus cupide; celui-ci considéra comme une injure personnelle le honteux marché qu'on lui offrait, et, n'écoutant que sa colère, fit rouer de coups par ses gens l'audacieux messager.

Sous le gouvernement peu paternel des Turcs, porter la main sur un serviteur du prince était un cas pendable. Mohammed songea donc à se soustraire à la vengeance de l'homme qu'il avait outragé. Il emmena Beya, et s'alla cacher chez un sien frère dont le fils venait d'atteindre sa vingtième année. Malgré tous les soins qu'on prit pour séparer les deux jeunes gens, il va sans dire qu'ils se virent, et, s'étant vus, qu'ils s'aimèrent. Durant deux mois, Mohammed usa de l'hospitalité de son frère. Après ce temps, espérant que son crime avait été oublié, il vendit sa maison et fut se loger dans le centre même de la ville turque, là où l'appelaient le plus fréquemment ses occupations quotidiennes.

Un an s'écoula sans qu'il fût inquiété; alors il songea à réaliser le projet d'union entre sa fille et son neveu, projet que son frère et lui avaient conçu sitôt que l'amour mutuel des deux jeunes gens leur avait été connu.

De part et d'autre, on fit donc les préparatifs du mariage.

Tout était prêt, quand un affreux malheur vint fondre sur les deux familles.

Beya avait été enlevée durant la nuit qui précédait la noce. Une troupe d'hommes armés avait fait irruption dans la demeure de Mohammed; les domestiques avaient été bâillonnés et garrottés avant même qu'ils eussent pu pousser un seul cri d'alarme; le père de Beya fut trouvé privé de connaissance; une large blessure qu'il portait au front indiquait assez de quel moyen on s'était servi pour lui imposer silence.

Après le premier abattement que toute grande douleur provoque, les trois hommes, si cruellement atteints dans leur honneur et dans leur bonheur, s'unirent et jurèrent de consacrer leur vie à leur vengeance. C'était du palais du dey qu'était certainement venue l'offense; c'était donc vers ce puissant adversaire qu'il fallait diriger l'attaque.

Mais ils avaient compté sans la police turque, police terrible, dont l'œil était sans cesse ouvert sur les habitants d'Alger, dont l'oreille était toujours prête à recueillir la moindre déclaration d'hostilité contre le gouvernement du pays.

Mohammed et ses deux complices, le lendemain même du jour où ils avaient arrêté le plan de leur action, où ils avaient tracé, dans un conciliabule secret, la route qu'ils devaient suivre pour atteindre leur but, furent trouvés assassinés dans leur logis.

Les conspirateurs étaient rondement jugés et exécutés dans ce temps-là !

Cependant Beya, tout affolée de terreur, avait été transportée dans le harem du sultan et confiée à la garde des eunuques. Ces êtres impassibles s'étaient peu émus des larmes de la jeune fille ; pareil spectacle leur était souvent offert. L'un d'eux pourtant, touché de la beauté de la nouvelle captive, pensa la consoler en lui vantant le grand honneur qu'on lui faisait en l'admettant parmi les femmes du dey. Quand Beya connut le sort qui l'attendait, ses lamentations redoublèrent, au grand étonnement de l'assistance, qui s'attendait à la voir éclater en démonstrations de joie.

Pendant plus d'un mois on chercha en vain à apaiser la douleur de celle qu'on avait brusquement arrachée à son père et à son époux. Quand on vit que tout était inutile, comme on ne voulait pas de pleurs continuels dans le joyeux palais, on se décida à ouvrir les portes de la prison dorée.

Éperdue, la jeune fille courut à la maison de son père ; là, elle apprit l'étendue de son malheur. L'affreuse réalité, s'offrant à son esprit après un mois de tortures morales, fut un choc trop rude pour elle ; sa raison s'envola, et depuis cette époque, on voit dans un ravin des environs d'Alger errer une blanche apparition, qui fuit au moindre bruit que l'on fait autour d'elle et disparaît dans la profondeur du bois.

Du moins c'est ce que m'a assuré un vieil indigène.

LA MITIDJA

La Mitidja est cette immense plaine située à quelques
kilomètres d'Alger, qui, courant au pied du petit Atlas sur
une longueur de plus de trente lieues, vient confondre
ses dernières ondulations avec les vagues bleues de la
Méditerranée.

La conquête de cet admirable territoire n'a pas été facile. D'abord il a fallu en chasser les cavaliers d'Abd-el-
Kader, et, ce premier succès remporté, on s'est trouvé en
présence d'un ennemi plus meurtrier que les indigènes :
j'entends parler de la fièvre, qui, maintenant encore,
en certains endroits, décime les rangs de nos colons.

Grâce au travail incessant et aux rudes labeurs des populations que nous y avons introduites, la Mitidja ne ressemble plus à ce qu'elle était en 1830 : les défrichements,
les travaux d'irrigation, les vastes tranchées pratiquées

au milieu des marécages, ont lentement assaini le pays
et ont transformé en terrains de culture de premier ordre
le sol qu'habitaient, il y a un demi-siècle, les bandes des
oiseaux aquatiques.

Autrefois, d'après la légende arabe, bien avant la venue
du Prophète, la plaine actuelle était un jardin féerique, au
milieu duquel s'élevait un somptueux palais, résidence
ordinaire d'une enchanteresse nommée la fée Mitidja.
Tout le pays qui s'étend au pied des montagnes de l'Atlas était planté d'arbres merveilleux, chargés en toutes
saisons de fruits exquis et de fleurs parfumées.

Des ruisseaux limpides coulaient sous des berceaux de
verdure que formaient les branches entrelacées ; des mil-
iers d'oiseaux animaient de leur chant ce riant bocage,
et ce qui complétait cet Éden était la présence de jeunes
filles au corps élancé, sans le concours desquelles un
conte oriental n'aurait aucun cachet.

Ce jardin merveilleux était la propriété exclusive des
mauvais génies ; ils en avaient donné la gérance à leur
fille, la fée Mitidja, à la condition d'y exercer des maléfices sans nombre ; on verra, par la suite de ce récit véridique, que l'excellente dame ne trompa pas la confiance
de ses commanditaires.

Chaque fois qu'un voyageur apercevait de loin cette
oasis enchantée, il hâtait sa marche et venait chercher le

repos sous les vertes ramures qui s'offraient à ses regards.
Il hésitait d'autant moins à y venir que les pays environ-
nants étaient d'une aridité désespérante, et que, ne l'eût-il
pas voulu, sa monture l'aurait conduit, malgré lui, vers
les prairies qu'une eau limpide baignait constamment.

Dès l'abord, rien ne faisait regretter à l'imprudent
d'avoir cédé à la tentation, car, à peine avait-il pénétré
sur le domaine de la fée Mitidja, qu'il voyait accourir
vers lui la troupe joyeuse des jeunes filles.

Les usages de ce temps ne contraignaient pas les
femmes à une timidité extrême, et les hôtesses des palais féeriques étaient, à ce qu'on assure, particulièrement avenantes et bienveillantes à l'égard de l'étranger
qui leur rendait visite.

Les mœurs ont changé depuis lors; aujourd'hui, un voyageur reçu d'aussi agréable façon aurait quelque motif de
se tenir sur ses gardes; toujours est-il qu'à cette époque
les ancêtres des musulmans trouvaient la chose si naturelle que la plus faible idée de méfiance ne s'éveillait
même pas dans leur esprit.

Aussi, sans en demander davantage, les visiteurs de la
fée Mitidja se laissaient-ils doucement bercer par les
chants des belles filles qui venaient à leur rencontre, et
ne protestaient-ils nullement lorsque, après les avoir dé-
pouillés de leurs vêtements poudreux pour les revêtir de

blanches étoffes, celles-ci leur offraient dans des coupes d'or massives des rafraîchissements délicieux.

Cependant tout cela n'était qu'un prologue; d'autres merveilles attendaient le nouveau venu au sein de la résidence de l'enchanteresse algérienne. Sa toilette faite, il était conduit en grande pompe au palais de la fée Mitidja, dont l'Alhambra, paraît-il, n'a été qu'une pâle reproduction. Fines colonnes de marbre, bois de cèdre plus ouvragé que nos dentelles, hautes murailles de faïence, bassins où l'onde murmure, enchevêtrement de lignes harmonieuses incrustées dans la pierre, tapis soyeux aux chatoyantes couleurs, rien ne manquait à ce palais.

On voit que le luxe n'est pas d'invention moderne.

Mais ce qu'il y avait de plus beau, affirme la légende, parmi cet entassement de richesses, c'était la souveraine du palais, la belle, la séduisante fée Mitidja. Je passe encore rapidement sur les procédés de réception de cette aimable femme; il vous suffira de savoir qu'elle n'épargnait rien pour rendre agréable à l'étranger le séjour de sa somptueuse demeure.

Mais tout rêve a un réveil. Sitôt que l'aube apparaissait, le galant était congédié.

Alors plus de fête, plus d'ivresse pour le malheureux

qui s'était laissé prendre aux sortilèges de la magicienne.
Ses membres brisés refusaient de le porter, des frissons
secouaient tout son être, une soif ardente l'étreignait à la
gorge et il ne tardait pas à périr, consumé par le feu
intérieur que la diabolique fée avait allumé en lui.

Il y avait déjà plusieurs siècles que la Mitidja exerçait
ainsi ses maléfices quand Mahomet apparut. En sa qualité
de prophète, il fut indigné du manège auquel se livrait
la détestable fée, et, voulant une bonne fois débarrasser
le pays d'une si méchante personne, il pria le ciel d'ouvrir ses cataractes — c'est l'expression consacrée —
pour engloutir le jardin des mauvais génies.

Un petit déluge! Le ciel ne pouvait vraiment pas refuser au fondateur de l'islamisme un si mince service :
aussi la pluie commença-t-elle à tomber, et en si grande
abondance que les prairies, les arbres, le palais et l'enchanteresse elle-même furent submergés et disparurent.

Malheureusement celle-ci eut le temps avant de mourir
de jeter un dernier sortilège sur la contrée où durant
plusieurs siècles elle avait régné en souveraine; elle
voulut que son vaste domaine gardât la puissance funeste
qu'elle lui avait communiquée. C'est pourquoi jusqu'à la
conquête française la fièvre habita constamment l'immense plaine de la Mitidja.

Aujourd'hui le soc de la charrue est parvenu à la dé-
loger, ce qui prouve que rien n'est éternel et que la
science et le travail, comme dirait Berquin le moraliste,
triomphent de tous les mauvais génies.

LES FAUX PROPHÈTES

Les Arabes sont de véritables enfants : l'histoire de leurs soulèvements est là pour le prouver. Ils ne calculent pas s'ils ont chance de réussir dans leur entreprise, s'ils seront secondés par l'ensemble de leurs coreligionnaires, si le moment est opportun pour ouvrir la lutte, etc. ; cela leur importe peu. Ils ne voient qu'une chose, c'est que tel ou tel passage des textes sacrés assure qu'un jour il surgira du sein de quelque tribu le *Moul-Saâh*, c'est-à-dire le maître de l'heure, et que ce Moul-Saâh jettera les infidèles à la mer. Cela étant, il ne reste plus qu'à attendre l'arrivée du nouveau prophète.

Toutes les insurrections qui ont eu lieu depuis la conquête ont toujours eu pour cause l'apparition d'un homme soi-disant extraordinaire, annoncé par les livres saints. Il est prouvé aujourd'hui que l'on n'a eu affaire qu'à des imposteurs, puisque les infidèles sont encore maîtres du pays.

Malgré tout, la crédulité ne s'éteint pas parmi les adorateurs du Coran, et celui qui vient leur dire : « Je suis le messie que vous attendez » a grand'chance d'être écouté.

Une des insurrections partielles qui ont ensanglanté le sud de la province de Constantine durant ces dernières années avait eu pour organisateur un jeune Arabe de vingt-deux ans qui fut salué par ses coreligionnaires du titre de *Moul-Saâh,* à la suite des circonstances suivantes :

Les gens de son pays manquaient d'eau, les récoltes étaient menacées par la sécheresse; en vain l'on avait fait des pèlerinages aux tombeaux des marabouts les plus en renom, le ciel restait pur et les nuages n'arrivaient pas.

Hamed-ben-Aïchi — c'était le nom de notre héros — eut une idée de génie : il rassembla les gens de sa tribu et leur annonça pompeusement que lui, Hamed-ben-Aïchi, berger de son état, allait obtenir de Mahomet ce que tous les marabouts réunis et toutes les prières n'avaient pu obtenir. Il termina sa harangue en prenant l'engagement de faire pleuvoir le lendemain même.

Le lendemain, il plut.

Le surlendemain, Hamed-ben-Aïchi était un grand homme.

Il n'en faut pas davantage pour arriver à la gloire.

Après un tel succès, le jeune Hamed comprit que son nom était infiniment trop modeste pour les destinées auxquelles il était appelé; il prit donc incontinent le titre de *chérif,* c'est-à-dire de prince, et se fit appeler Bou-Azid. Argent, cadeaux de toute sorte affluèrent dans la tente du nouveau chef, qui, pour reconnaître tant de bonté, imagina de faire casser la tête à ses naïfs admirateurs : il leur prêcha la révolte et promit la victoire avec autant d'assurance qu'il avait promis la pluie un mois auparavant.

Mais, cette fois, ce fut une averse de coups de fusil qui survint, à la grande stupéfaction des partisans de Bou-Azid et de Bou-Azid lui-même, qui avait fini par croire sérieusement à sa mission providentielle.

La pluie ne réussit pas également bien à tous les prophètes. Il y a cinq ou six ans, un de ces nobles personnages, directement inspiré par le ciel, s'était fait passer, après mille jongleries, pour un ami intime de Mahomet; il guérissait les malades, faisait marcher les boiteux, arrêtait la stérilité des femmes, et, moyennant certains présents, prétendait obtenir d'Allah satisfaction à ses moindres désirs.

Un beau jour, la tribu parmi laquelle il opérait vit ses champs tellement brûlés par le soleil qu'elle eut recours au faux marabout et l'enferma dans ce dilemme : « Ou tu es vraiment un saint ou tu n'en es pas un ; si tu en es un, arrange-toi pour qu'Allah envoie un peu d'eau à nos récoltes, car sans cela nous allons tous mourir de misère cette année même. Si tu nous as trompés et que tu sois un vulgaire menteur, tu mérites un châtiment et nous te le réservons. Tu as quinze jours pour nous procurer la première ondée, c'est plus qu'il ne t'en faut sans doute. Tâche de mener à bien tes négociations avec le ciel. »

Ayant devant lui un aussi long délai, le marabout n'hésita pas à prendre tous les engagements que l'on voulut. Pourtant les huit premiers jours se passèrent sans amener le moindre changement dans l'atmosphère, en dépit des simagrées auxquelles se livrait le bonhomme. Le neuvième jour, quelques nuages apparurent ; mais le vent les emporta bien vite, et, voyant cela, notre imposteur songea sérieusement à gagner le large.

Cependant, tout espoir n'étant pas perdu, il patienta encore ; mais, à la fin du quatorzième jour, trouvant que sa situation devenait critique, il sella son cheval et se dirigea vers des climats plus humides. Malheureusement pour lui, les fidèles veillaient sur ses jours précieux, et, quand ils le virent courir si fort, craignant quelque accident, ils le ramenèrent à sa demeure.

Le lendemain, par 'un beau soleil d'une pureté admirable, ils l'assommèrent sans autre forme de procès.

En général, ces prophètes d'aventure finissent assez mal.

Un nommé El-Hadj-Mohamed-ben-Abd-el-Malek cherchait à fomenter la révolte parmi les tribus qui avoisinent Médéah et se faisait passer pour un chérif authentique. Il affirmait aux musulmans que, s'ils voulaient se lever à sa voix, c'en était fait des chrétiens et de leur détestable engeance. Une perspective aussi souriante charmait déjà bien des âmes, quand un ordre émané de l'autorité militaire enjoignit à la gendarmerie d'arrêter le pieux marabout et de l'amener à Alger, afin de lui permettre de traduire ses beaux discours devant un tribunal français. Les Arabes professent pour leurs prêtres un profond respect, mais il est juste de dire qu'ils marquent envers le moindre gendarme un respect plus grand encore; aussi le saint prédicateur jugea-t-il prudent de vider la place au plus vite, afin d'aller mettre en sûreté sa sainteté, son titre de chérif et sa très gracieuse personne. On chercha partout El-Hadj-Mohamed-ben-Abd-el-Malek, on fouilla les tentes, on visita les plus humbles douars : Abd-el-Malek avait disparu.

Rien ne se ferme plus vite que l'œil de la police en présence d'une sécurité apparente : le marabout était parti, on ne songea plus au marabout. Cependant, au

sein de quelques tribus, les semences de révolte commençaient à germer. Le titre et la naissance ont encore
parmi les enfants de Mahomet une puissance réelle, et les
rigueurs de l'autorité française avaient fait un martyr du
grand homme qui prudemment avait pris la fuite.

Quand Abd-el-Malek jugea que la vigilance de ceux
qui cherchaient à l'atteindre devait être endormie, il re-
parut sans bruit sur le théâtre de ses exploits et recom-
mença à prêcher la guerre sainte.

Il va sans dire que notre fougueux marabout promet-
tait la victoire à ses coreligionnaires et leur répétait sous
toutes les formes — sans toutefois produire l'*ut* de poitrine
— le fameux *Suivez-moi* du quatrième acte de *Guil-
laume Tell*. Afin de donner plus de poids à ses discours,
le prédicateur se présentait modestement comme l'envoyé
du ciel, l'éternel Moul-Saâb, le libérateur que la sœur
Anne musulmane attend sans cesse et que personne ne
voit venir.

Les affaires d'Abd-el-Malek commençaient à promettre
de beaux bénéfices, quand un jour, au milieu d'une de
ses plus belles harangues, l'envoyé du ciel sentit s'appe-
santir sur son épaule la lourde main de l'envoyé de la
gendarmerie. Celui-ci, sans égard pour la sainteté du
personnage, lui passa les menottes et l'amena à Médéah.

Là, on interrogea le très puissant chérif, et l'on finit

par découvrir que le prince, le marabout, le Maoul-Saâh,
n'était autre qu'un certain Bou-Beker, condamné à six
mois de prison en 1865 pour s'être approprié, sans le
consentement de leur propriétaire, divers objets de valeur.

Grattez l'homme providentiel, vous trouverez l'imposteur.

EN KABYLIE

Des montagnes sans fin dressant leurs sommets dénudés au-dessus d'un fourmillement de mamelons, des
coupures énormes au fond desquelles, à perte de vue,
des ruisseaux coulent en cascade parmi les rochers blancs
que marbrent de points sombres les touffes des lauriers-
roses, des déchirures gigantesques sur lesquelles se pen-
chent, comme frappés de stupeur, les blocs accumulés des
hautes cimes, des murailles à pic surplombant des abîmes,
des jets de granit prodigieux découpant leur rugueuse
silhouette sur l'éblouissante pureté du ciel algérien; un
bouleversement formidable, une nature torturée, un
monde pétrifié dans sa colère et, au milieu de ce chaos,
des villages aux toits rouges remplis de cris d'enfants et
de chants de flûte, des sentiers verdoyants, où remon-
tent en longue file les chèvres aux clochettes sonores, les

bœufs roux au mufle humide, les brebis à la toison grise;
partout des sources, d'étroits enclos débordant de culture, des vignes aux ceps noueux attachant leurs sarments dans les branches des frênes, des oliviers oppo-
sant leurs masses noires au grêle squelette des figuiers:
tel est le contraste saisissant que présente la Kabylie aux
regards du voyageur.

Les Kabyles n'ont ni le langage, ni le type, ni les
mœurs des Arabes; leurs femmes vont visage découvert et montrent sans honte aux étrangers leurs traits fins,
qu'altèrent presque toujours les taches bleues des ta-
touages. On les rencontre partout dans la montagne ces
filles robustes, le haut de la tête serré dans un mouchoir
de cotonnade rouge d'où sort l'ébouriffement d'une chevelure inculte, les pieds, les bras et le col nus, chargés
de grossiers bijoux, et le corps couvert de haillons in-
formes qu'une ceinture relève et maintient autour des
hanches.

C'est dans les plis de cette ceinture qu'elles fixent
l'extrémité pointue des hautes cruches, car, n'en déplaise
aux peintres qui ont traité ce sujet, la femme kabyle,
droite sous le poids de l'amphore qu'elle retient sur
l'épaule par un beau geste de lampadaire antique, n'a
jamais existé que dans leur imagination. Dédaignant la
noblesse de la pose, les belles filles du Djurdjura pren-

nent prosaïquement sur le dos le lourd récipient qu'elles transportent et, la taille inclinée, les coudes en avant, les mains nouées derrière la nuque, peinant sous la charge, elles escaladent les pentes dans une attitude dénuée de toute poésie.

C'est un rude labeur que celui-là; cependant avec quelle gaieté on l'entreprend! N'est-ce pas autour des sources que se chuchottent les premiers mots d'amour, que se murmurent les douces confidences? N'est-ce pas là que, loin des regards des matrones, on peut écouter l'aveu furtif du bien-aimé? Les intrigues, les romans et les drames sont fréquents en Kabylie; les sources en sont la cause. Éloignées le plus souvent des villages, situées dans des ravins ombragés, elles offrent des lieux de rendez-vous faciles que la jalousie et la haine ensanglantent parfois.

Mais, dira-t-on, pourquoi les agglomérations de maisons n'existent-elles pas là où l'élément vivifiant par excellence, l'eau, s'échappe de la terre? C'est qu'avant de songer à leur bien-être, à la commodité de leur installation, les Kabyles ont dû pourvoir à leur sécurité. Toutes ces montagnes, aujourd'hui si paisibles, étaient autrefois le théâtre de luttes incessantes. Attaques, sièges, assauts, rien n'était épargné à ces malheureux villages, qui tantôt avaient à soutenir la guerre contre des voisins rapaces, tantôt devaient former à la hâte une alliance défensive avec ces mêmes voisins pour résister aux invasions du dehors. Ce n'est que depuis 1857 que le massif du Djurdjura, subissant la domination française, a vu s'éteindre les rivalités de tribu à tribu.

Quoique la paix règne aujourd'hui et que l'humeur belliqueuse de ces populations s'apaise tous les jours, le passé explique bien les bizarreries que l'on constate dans leur manière de vivre. Chaque cime étant un point stratégique, il importait de l'occuper, et l'on y construisait un centre. Chaque centre étant exposé aux coups de main de l'ennemi, on y pressait les maisons les unes contre les autres comme si l'espace manquait. De là ces fourmilières où une seule rue étroite, tracée sur la crête même des mamelons, divise l'accumulation indescriptible des toitures.

Hors de la masse construite, ne formant qu'un bloc, pas une habitation, pas une hutte. Les demeures, comme les hommes, comprenaient la nécessité de serrer les rangs. Cependant, aux flancs de quelques pentes moins abruptes, s'épanouissent aussi des agglomérations. Ce sont pour la plupart des villages de marabouts, que leur caractère de sainteté préservait du pillage. Là, les rues sont plus larges, plus nombreuses; on y sent l'homme ne vivant pas dans l'incertitude constante du lendemain.

Les demeures des Kabyles sont des plus primitives : quatre murs en pierres, où la terre remplace le mortier; une lucarne trop étroite pour donner passage à une tête d'enfant, et une ouverture servant d'entrée. Pas d'enduit contre les parois, pas de cheminée ni de trou disposé pour laisser échapper la fumée, et pour tout mobilier quelques nattes, un coffre en sapin et des jarres contenant les provisions d'huile et de grains.

Voilà pour une alvéole.

La famille vient-elle à s'augmenter, on greffe une seconde, puis une troisième maison sur la première, chaque façade formant les trois côtés d'un carré qui sert de cour et dont on ferme l'accès sur la rue par une muraille où joue le lourd battant d'une porte sans serrure. Parfois on met un appentis à cette muraille, on dispose de hauts bancs de pierre, et cela sert de salon commun, de pièce de réception, souvent même d'étable, quand les animaux indiscrets, profitant de la liberté qu'on leur laisse, ne viennent pas s'étendre auprès de leur maître dans les chambres constamment ouvertes.

Malgré la rusticité de l'existence que mènent les hôtes de ces pauvres demeures, la coquetterie ne perd pas ses droits et les Kabyles, jeunes et vieilles, se parent de colliers de cuivre ou d'argent portant au centre de leurs légères cloisons les larges gouttes d'un émail grossier.

15.

Les femmes du Djurdjura raffolent de ces massifs bijoux; elles portent des broches grandes comme des soucoupes et des épingles plus grosses que des poignards. La parure complète, composée des boucles de ceinture, des pendants d'oreille, des bracelets, du collier et des deux agrafes qui retiennent à chaque épaule les plis du haïk, pèse autant qu'une armure. Nos bals français ne sont heureusement pas de mode dans les montagnes de Fort-National, car, avec de pareils ornements, les premiers pas de la contredanse couvriraient les sons de l'orchestre; au moindre mouvement une dame ainsi affublée fait autant de bruit qu'un chapeau chinois.

C'est peut-être ce qui explique la tranquillité des femmes kabyles. Constamment enfermées dans leur étroit réduit, elles consacrent leur vie à préparer les aliments ou à confectionner des tapis et des burnous. Assises auprès d'un métier primitif, on les trouve sans cesse occupées à manier la navette; sitôt la laine passée à travers les fils innombrables de la trame, elles serrent le tissu au moyen d'un peigne de fer et arrivent ainsi à confectionner une étoffe d'une solidité à toute épreuve.

Leur habileté n'est pas moins grande pour façonner la terre glaise. Chose curieuse, leurs poteries, si originales de forme, sont faites sans le secours du tour; elles ignorent le parti que l'on peut tirer de l'instrument qui a peut-être été la première création du génie industriel de l'homme. Toutes les pièces sont montéss à la main au moyen d'une raclette de bois et d'un caillou rond, seuls outils employés pour contourner et polir les surfaces. Quand le soleil a donné un peu de consistance à l'objet, on le peint, puis on le cuit en plein air en le maintenant au centre d'un brasier. Tout cela demande des manipulations difficiles, que l'emploi de nos procédés supprimerait en grande partie; mais l'Arabe, en général, et le Kabyle, en particulier, ont pour devise le *sint ut sunt aut non sint* des jésuites, et rien ne leur ferait modifier leur fabrication.

MŒURS POLITIQUES EN KABYLIE

Les Kabyles ou Berbères sont des démocrates; avant nous ils connaissaient le suffrage universel et le pratiquaient.

Avides de liberté, ils avaient organisé la commune sur des bases tellement larges que les communards les plus hardis de 1871 auraient reculé devant l'application de franchises aussi complètes.

Il va sans dire que notre occupation a bien modifié ces mœurs politiques et que l'œuvre dominatrice de la France tend chaque jour à ramener sous sa tutelle administrative les populations du Djurdjura. Mais avant 1857, c'est-à-dire avant la conquête définitive du vaste pâté montagneux dont Fort-National est le centre, les villages kabyles étaient prêts à revendiquer leur indépendance les armes à la main.

Plusieurs de ces groupes s'alliaient, il est vrai, pour former la tribu ; les tribus amies se réunissaient pour composer la fédération, mais ni la fédération ni la tribu n'avait voix délibérative dans les affaires du village. On consentait à s'unir pour satisfaire aux exigences de certaines situations topographiques ou pour opposer une force plus grande aux invasions du dehors, mais on n'entendait pas subir la tutelle d'un État. Chaque alvéole était donc absolument autonome et très jalouse de son autonomie.

Ces républiques microscopiques étaient régies par leurs propres *kanoun,* sortes de lois que les citoyens pouvaient réformer selon leurs besoins ou leurs aspirations. Toutefois, ils s'interdisaient de toucher aux bases mêmes de la constitution qui voulait que tout homme valide eût sa part directe dans la conduite des affaires publiques.

Un seul pouvoir existait : la *Djema,* vaste assemblée composée non des délégués des électeurs, mais des électeurs eux-mêmes. Ceux-ci se réunissaient sur une place spécialement affectée à leurs délibérations et, sans aucun tumulte, réglaient les questions les plus importantes. Travaux municipaux, applications d'impôts, déclaration de paix ou de guerre, la *Djema* s'occupait de tout et prononçait sans appel, aussi bien sur les choses intéres-

sant la collectivité que sur les contestations des individus.

Pas d'huissiers ni d'avocats devant ce tribunal, pas de
commissions et de rapporteurs devant ce sénat. Habitués dès l'enfance à la vie publique, les Kabyles ne sont
jamais embarrassés pour défendre leur propre cause et
soutenir leurs propositions.

Ces mœurs, dira-t-on, devaient engendrer la licence
et provoquer le trouble. Point du tout. La réunion elle-
même savait modérer la fougue de ses orateurs, et, quoiqu'il n'existât pas de privilégiés au sein de cette démocratie, on ne tolérait pas qu'un jeune homme sans expérience, accaparât la tribune au détriment des hommes
sensés. Les vieillards mûris au conseil, les chefs des familles honorables étaient toujours écoutés avec faveur,
et si un énergumène venait interrompre leurs discours,
l'amende qui le frappait le réduisait vite au silence.

En dépit de leur horreur du joug, les montagnards du
Djurdjura subissaient néanmoins l'ascendant de leurs notables. Ceux-ci délibéraient entre eux, arrêtaient telle ou
telle réforme, prenaient telle ou telle résolution, et, quoiqu'on ne leur reconnût pas d'attributions spéciales à cet
égard, il était rare que leur influence ne triomphât pas
devant la *Djema* des résistances partielles ou des oppositions de parti.

Le pouvoir exécutif était tout entier représenté par un *amïn,* personnage nommé à l'élection, qu'assistaient les délégués des fractions de village. Ce fonctionnaire, qui n'était jamais payé et demeurait toujours révocable, était choisi le plus souvent parmi les représentants des familles riches. Il fallait qu'au besoin les malheureux pussent trouver secours auprès de lui sans que le fonds commun fût mis à contribution. L'honneur d'occuper un poste si élevé compensait largement, aux yeux des Kabyles, les sacrifices d'argent et de temps qu'ils réclamaient de leur unique magistrat.

Malgré ces exigences, les compétiteurs ne manquaient pas, et la lutte qui s'établissait entre eux, au moment des élections, divisait le village en camps si tranchés, que tout citoyen se voyait contraint de prendre parti. Ce peuple libre n'admettait pas l'indifférence en matière politique, et le régime de l'abstention, si volontiers pratiqué parmi nous, soulevait de telles colères, qu'un montagnard ne pouvait, sans encourir le mépris public, rester neutre au milieu des joutes électorales.

C'est alors que, pour augmenter leur nombre, les partisans de tel ou tel candidat réclamaient le droit de vote pour les jeunes gens pubères, dont ils pouvaient diriger le choix. L'état civil n'existant pas, il était difficile de constater la majorité des individus; aussi était-on obligé d'avoir recours, en cas de contestation, à un procédé des plus primitifs :

On entourait le cou de l'adolescent d'un fil dont on doublait la longueur, et si ce fil, noué à ses deux extrémités, pouvait franchir la tête, le postulant était déclaré électeur, à la condition toutefois qu'il eût déjà supporté le jeûne du rhamadan.

Chose curieuse à noter, la loi religieuse était ici parfaitement distincte de la loi politique. Alors que, dans tout l'Orient, le texte du Coran servait de base aux rapports des peuples à l'égard de l'autorité, les Kabyles maintenaient leur *kanoum* et ne toléraient pas l'immixtion du prêtre dans l'administration des choses de la terre. Les marabouts, au sein du Djurdjura, jouissaient bien de certains privilèges, mais les fidèles qui s'inclinaient devant leur souveraineté spirituelle ne les laissaient jamais toucher au pouvoir temporel.

C'est à cela que les Berbères doivent d'avoir conservé si longtemps leur indépendance et d'avoir gardé, au milieu de l'affaissement moral dont leurs coreligionnaires étaient frappés, le caractère de haute originalité qui les distingue.

EN KABYLIE. MŒURS SOCIALES

Les Kabyles pratiquent la solidarité infiniment mieux que nous-mêmes. Tout informe que soit leur constitution républicaine, elle soumet les membres de chaque village à des obligations bien définies à l'égard de leurs concitoyens. Tandis que nous laissons à l'égoïsme personnel le soin de mesurer la part de secours que nous devons à nos semblables, ces montagnards à demi barbares ont inscrit dans leurs lois les règles qui doivent présider à l'assistance mutuelle.

Les malheureux et les faibles n'y perdent rien.

« Rencontres-tu la vache ou le mulet égaré d'un ennemi, disent les *kanoun,* ramène-les au logis de leur maître; trouves-tu celui-ci attaqué par des malfaiteurs, prends aussitôt sa défense, même au péril de ta vie; ton voisin a-t-il besoin de toi pour enlever promptement une

récolte qui ne saurait demeurer plus longtemps sur
·l'arbre ou dans le champ, prête-lui tes bras si les exigences de ta propre récolte te laissent des loisirs. »

Et remarquez que ce ne sont pas ici de simples exhortations au bien, mais des prescriptions légales auxquelles
nul ne peut se soustraire sans encourir l'amende. Mêmes
obligations pour ce qui touche à la bienfaisance. La charité est obligatoire. Un propriétaire qui n'ouvrirait pas sa
maison à un malheureux serait montré au doigt.

Le président de la djema, l'*amin,* est tenu d'avoir table
ouverte pour les voyageurs et les pauvres, un coin de
hangar, souvent même une chambre, leur est réservée et,
si modeste que soit le repas, si humble que soit l'abri, il
n'en est pas moins vrai que l'hôte étranger trouve là de
quoi satisfaire sa faim et son sommeil.

Lors de la grande famine de 1868, les mœurs hospita-
lières des Kabyles furent mises à une rude épreuve : plus
de dix mille Arabes, appartenant aux tribus les plus éprou-
vées des environs, vinrent chercher refuge dans les montagnes du Djurdjura. Cette troupe de moribonds fut tout
entière secourue, hébergée, tout le temps que dura le
fléau. L'œuvre de charité, accomplie par une population
pauvre elle-même, se fit sans bruit, sans ostentation,

comme la chose la plus naturelle du monde. Et cependant une haine antique sépare les deux races, mais la misère efface les différences d'origine au sein des républiques minuscules de la Kabylie.

Nous qui parlons de civiliser, nous pourrions emprunter beaucoup à ces montagnards, surtout en ce qui concerne la pratique de l'égalité, dont le nom est si trompeusement écrit à la première page de notre constitution. Jamais le misérable n'est un objet de dédain parmi cette société primitive. Intervient-il au milieu d'un groupe? On lui fait place. Le rang et la richesse disparaissent devant un sentiment élevé d'humanité. L'uniformité de l'habillement fait le reste.

Les membres du village se considèrent comme responsables vis-à-vis des déshérités du sort. Si, dans le grand partage des biens, ils ont été peu favorisés, il ne faut pas aggraver leurs souffrances en leur faisant sentir à tout instant le poids du fardeau qu'ils portent. C'est pour adoucir ce fardeau que la communauté laisse aux pauvres l'entière jouissance de certains jardins. Ils sont là chez eux; les fruits des arbres leur appartiennent; la seule obligation qu'on leur impose est de les consommer sur place, car, prévoyant l'abus, le législateur n'a pas voulu qu'un seul puisse trafiquer de l'aumône au détriment des autres.

C'est encore pour les malheureux que la coutume a
institué le *partage des viandes,* qui s'effectue périodiquement de la manière suivante : on ouvre une collecte
à laquelle tous participent dans la mesure de leurs
moyens. Si le produit est insuffisant, la caisse des fonds
publics ajoute le nécessaire, et le montant de la souscrip-
tion est entièrement employé à l'achat de moutons.
L'*amïn,* au milieu d'un cérémonial consacré par l'usage,
fait procéder à l'égorgement des victimes, puis une bou-
cherie s'ouvre en plein vent, et qui veut vient s'y appro-
visionner.

Voilà de la charité bien entendue; elle semble procéder, à l'égard de ceux qu'elle secourt, de l'exercice
d'un droit et enlève à l'offrande l'humiliation qu'elle impose toujours à celui qui la reçoit.

J'ai parlé de solidarité; c'est surtout dans la mort
qu'elle se manifeste. Là, pas de différence entre le cortège du riche et celui du pauvre. Le village prend le
deuil aussi bien pour le dernier de ses prolétaires que
pour le premier de ses notables. La collectivité se charge
des frais de l'inhumation et celui qui marchanderait en
pareil cas sa peine et ses prières serait puni de l'amende,
ni plus ni moins qu'un délinquant.

Cependant il est des circonstances où l'on peut refuser
au trépassé les honneurs que prescrivent les *kanoun,*

c'est lorsque sa mort est le résultat d'une vengeance légitime. Les 'Kabyles sont, plus encore que les Corses, inflexibles sur le payement des dettes de sang. L'homme qui supporterait une injure grave sans la châtier déshonorerait la communauté à laquelle il appartient.

Depuis que nous occupons le pays, nous cherchons à réagir contre cette application sauvage de la loi de Lynch; et, malgré tous nos efforts, chaque année amène devant la cour d'assises d'Alger des meurtriers que leurs coreligionnaires auraient flétris du nom de lâches s'ils ne s'étaient fait justice eux-mêmes.

Punir un affront est une obligation stricte pour le montagnard du Djurdjura; la *Djema*, au besoin, l'aide dans l'exécution de sa vengeance. S'il ne peut atteindre l'auteur de l'injure, il doit frapper son parent le plus proche. Avant tout, il faut une victime; la dette n'est éteinte qu'à ce prix.

C'est le plus souvent l'infidélité des épouses qui engendre ces haines implacables, et c'est un phénomène curieux à constater qu'au milieu d'une population où la femme se vend et s'achète comme un vil bétail, il puisse s'attacher à sa conduite de si jalouses susceptibilités. On la prend, on la quitte suivant la fantaisie du moment; mais, quand on l'a, on la veut tout entière. Si notre justice ne préservait pas les coupables, on les verrait encore lapidés comme au beau temps de l'antiquité. Rien ne fait pardonner l'adultère, et les mœurs sont si sévères à cet égard, que l'enfant qui naît d'un tel crime est placé hors la loi. Aussi sa mère, le plus souvent, l'étouffe-t-elle en naissant.

Est-ce à une rigueur si grande que l'on doit des mœurs assez pures? Il serait difficile de se prononcer sur ce point. Toujours est-il que les Kabyles, qui ne connaissent pas la polygamie, mais qui pratiquent le divorce, ne sont rien moins que licencieux, en dépit de la promiscuité qu'entraîne l'agglomération de leurs demeures dans leur étroit village.

LES IMESSEBELEN

Durant la dernière guerre, on a beaucoup admiré le
courage des turcos, on les a vus jouant leur vie avec une
insouciance suprême. Ceux qui ont combattu avec eux
assurent que c'est merveille de les voir bondir à travers
les balles; ils sont là dans leur élément, et la férocité, si
laide à contempler partout ailleurs, est fort belle, paraît-il, sur les champs de bataille. Du reste, si l'on veut
se faire une idée du caractère de ces hommes, c'est dans
leur tribu, sous le burnous du cultivateur ou sous les
haillons du berger, qu'il faut aller les examiner. Là, nous
les trouvons fidèles à des mœurs singulières, qui déno-
tent de réelles qualités d'énergie et de courage.

Ainsi, par exemple, dans toute la Kabylie, une coutume, vieille comme le peuple lui-même, est de faire
appel au sacrifice volontaire des plus jeunes et des plus

vigoureux garçons du pays lorsqu'il s'agit de défendre le
territoire contre l'étranger. Ce n'est que dans les grandes
circonstances que l'on a recours à cette coutume, qu'une
solennité imposante accompagne toujours.

Voici à peu près comment l'on procède : Lorsque la
guerre est résolue, le plus vénéré marabout de la tribu
déclare nécessaire, pour la défense du pays, l'enrôlement
des *imessebelen,* — c'est le nom que portent les membres de la secte ; — alors les jeunes gens accourent de
tous côtés, et font le serment devant le patriarche de
donner leur vie pour protéger le sol natal. Ce serment
est reçu avec pompe, et, sitôt qu'il est prononcé, les
imessebelen deviennent l'objet de la vénération publique.
Ils n'ont à se pourvoir ni d'armes, ni de munitions, ni
de vivres ; la tribu prévient tous leurs besoins et leur
assure même le nécessaire dans le cas où ils viendraient
à sortir vivants de la lutte qu'ils vont entreprendre.

Une fois constitué, ce corps d'élite est soigneusement
séparé de l'armée régulière, avec laquelle il ne doit avoir
aucun rapport. Le dévouement revêt ces futurs martyrs
d'un caractère de sainteté qui ne peut leur permettre de
se mêler à la vulgaire multitude. Le jour du combat, ce
sont eux qui occupent les positions les plus dangereuses ;
en aucun cas, ils ne doivent reculer, sous peine d'être
poursuivis toute leur vie par le mépris et par l'opprobre.

Au reste, les exemples de lâcheté sont rares, et, si l'on en compte, ce n'est qu'à l'état de grande exception.

Quand M. de Mac-Mahon n'était encore que général, il fut appelé à commander la colonne fournie par le département de Constantine et chargée d'aller pacifier la Kabylie, alors en pleine révolte. Arrivé au pied des montagnes du Djurdjura, il opéra sa jonction avec les contingents que le général Randon avait amenés d'Alger. Ceci se passait au mois de juin 1854. Quand les Kabyles virent une telle accumulation de forces, ils se retranchèrent résolument dans leurs montagnes, enrôlèrent des *imessebelen,* organisèrent partout la défense, et attendirent notre attaque de pied ferme.

Cachés derrière leurs retranchements de terre et de pierres sèches, les *imessebelen,* au nombre seulement de cent cinquante-sept — le temps avait manqué pour en réunir un plus grand nombre, — dirigèrent un feu nourri sur les premiers rangs de nos soldats, et quand ceux-ci, emportés par leur ardeur, franchirent l'obstacle qui leur barrait le passage, ils trouvèrent dans les fossés de défense des hommes nus jusqu'à la ceinture et attachés les uns aux autres, à la hauteur du genou, par de fortes cordes, qu'ils avaient nouées eux-mêmes afin de se contraindre à mourir à leur poste. On leur cria de se rendre, mais ils répondirent par une dernière décharge, et ce ne fut qu'après les avoir tués jusqu'au dernier que l'on put enlever la position de l'ennemi.

Un fait plus récent et pour le moins aussi émouvant a été rapporté par un recueil ayant pour titre : *la Revue africaine*. C'est un épisode de l'insurrection de la Grande-Kabylie en 1871. Le Fort-National, construit au milieu du pâté montagneux au sein duquel s'était allumée la révolte, était resté privé de toutes communications avec notre armée, et subissait depuis plus d'un mois un siège en règle, que les munitions de la place permettaient de soutenir victorieusement. Lassés d'une telle résistance, les Kabyles résolurent de mettre à profit l'obscurité de la nuit pour enlever la citadelle. Mais une pareille entreprise demandait des hommes résolus, ayant fait d'avance le sacrifice de leur vie; on fit appel aux *imessebelen,* et on en groupa aisément le chiffre imposant de seize cents.

Plus de sept cents échelles furent commandées dans les villages des alentours et l'heure de l'attaque fut définitivement arrêtée pour la nuit du 21 au 22 mai. Heureusement, prévenu des projets de l'ennemi, le commandant du fort prit ses mesures, et lorsqu'avec un élan incroyable les seize cents *imessebelen* montèrent à l'assaut en poussant leur cri de guerre, une ceinture de feu courut le long des murailles où se pressaient les assaillants, et la mort se répandit dans leurs rangs. Les échelles

tombaient, entraînant avec elles des grappes humaines;
mais les blessés ne proféraient pas une plainte, et les
hommes valides, exaspérés de leur impuissance, reve-
naient se briser contre les flancs de la citadelle en criant :
« Je suis un tel, fils d'un tel, et je suis *imessebelen.* »

Malgré tant d'efforts, la citadelle résista.

LES AISSAOUA

Il y a trois siècles environ, sous le règne de Mouleï Ismael, dans l'empire du Maroc, vivait un vieux musulman auquel le ciel avait donné beaucoup d'enfants et très peu de fortune. Mhammet-ben Aïssa—tel était le nom du pauvre homme — ne cessait d'adorer Dieu et passait le meilleur de son temps à prier au fond des mosquées.

L'observation stricte des devoirs pieux est certainement une belle chose, mais elle ne rapporte d'ordinaire qu'un très maigre salaire à ceux qui la pratiquent; aussi la famille de Mhammet supportait-elle toutes les privations, tandis que son chef s'épuisait en prières.

Ben Aïssa avait le cœur tendre, et la pensée seule de voir ses enfants souffrir de la misère sous ses yeux faisait que, la plupart du temps, il ne rentrait pas chez lui, afin de ne pas assister au lamentable spectacle de leur pauvreté.

Il priait, il priait toujours, et dans chacune de ses prières il demandait au Tout-Puissant de faire rentrer l'aisance dans sa maison.

Allah, qui dans ce temps-là avait probablement des loisirs, entendit les supplications du pauvre diable et prit la peine d'envoyer lui-même à la maison de Mhammet une cuisse de mouton et une douzaine d'œufs.

Ce fut fête ce soir-là dans la famille, et sitôt que le repas fut terminé, Ben Aïssa alla se prosterner devant l'Éternel et lui adressa tant et tant d'actions de grâces qu'Allah se crut obligé, dès le lendemain, d'envoyer à son fervent serviteur deux gigots et deux douzaines d'œufs.

Durant un mois environ, les actions de grâces et les gigots allèrent en se multipliant, au point que la femme de Mhammet se plaignit de l'abondance qui subitement avait remplacé la misère dans la modeste demeure.

— Femme, lui dit Aïssa, que la volonté de Dieu s'accomplisse! Nous ne devons pas plus nous plaindre des excès de ses bienfaits que des effets de sa colère. Va puiser de l'eau dans la citerne voisine, purifions-nous par des ablutions et rendons grâce au maître suprême.

La femme prit un seau et obéit à son mari ; mais quelle ne fut pas sa surprise lorsqu'au lieu de tirer de l'eau, elle

16.

tira des pièces d'or. Elle en tira tant et tant qu'à la fin Mhammet s'écria :

— Dieu tout-puissant, permets à tes humbles serviteurs de puiser de l'eau, et non de l'or, afin qu'ils puissent se purifier pour t'adresser leurs prières!

Il n'avait pas plutôt prononcé ces paroles qu'une eau limpide remplaça le précieux métal.

Mhammet ne savait trop que faire de son trésor, quand il vit en songe le Prophète.

« Je suis envoyé par Allah, lui dit celui-ci, pour t'enseigner ta mission ; lève-toi, fais des disciples et apprends-leur les prières que je vais t'enseigner. »

Et le Prophète se mit à dire des prières qu'Aïssa n'eut aucune peine à retenir. Le lendemain, le nouveau marabout parcourut la ville, raconta sa vision et réunit autour de lui cent disciples qu'il ramena chez lui et auxquels il distribua tout l'or que Dieu lui avait envoyé.

Avec de pareils procédés, aujourd'hui encore une nouvelle religion serait sûre de trouver des adeptes.

Mais Aïssa, n'étant que médiocrement convaincu de la fidélité de ses compagnons, voulut les mettre à l'épreuve. Pour cela, il leur dit qu'il avait l'intention de les égorger, et il ajouta : « Ceux qui me sont vraiment dévoués ne m'opposeront aucune résistance. »

Cette proposition fut accueillie avec froideur. Cepen-

dant un des disciples se détache du groupe, marche vers
Mhammet et, lui plaçant un couteau dans la main, lui
dit : « Tu es mon maître, ma vie t'appartient, fais de
moi ce qu'il te plaira. » Aussitôt Mhammet l'entraîne
dans une chambre voisine, et là, au lieu de l'immoler, lui
donne un mouton et lui ordonne de l'égorger; le sang
coule bientôt et sa vue vient glacer de terreur la plupart
des assistants, qui, ne doutant pas de la mort de leur
compagnon, prennent la fuite.

Trente-huit seulement demeurent à leur poste et se
résignent au triste sort qui les attend. Chacun d'eux pénètre successivement dans la chambre où l'immolation
est censée s'accomplir, et chacun reçoit pour prix de son
dévouement un mouton et la bénédiction du saint marabout.

La nouvelle se répand bientôt que Ben Aïssa vient
d'égorger ses frères. Le sultan Mouleï-Ismaël, qui depuis
longtemps était jaloux de la protection que Dieu accor-
dait au plus simple de ses sujets, envoya des gardes avec
ordre d'arrêter le coupable et de l'amener au palais.

Mhammet n'eut pas de peine à prouver son innocence,
mais le sultan ne voulut rien entendre et ordonna au marabout de quitter la ville. Celui-ci obéit, emmenant avec
lui ses apôtres et sa famille. Il arriva sur une montagne
voisine de la cité, et là, frappant comme Moïse un rocher

de sa baguette, il en fit jaillir une source qui porta ses eaux limpides dans toute la plaine. Le sultan, en apprenant ce miracle, conçut encore plus de jalousie contre Aïssa, et lui fit dire de s'éloigner davantage de la ville.

Aïssa répondit : « La terre n'est pas à toi, elle est à Dieu ; cependant, comme tu es le fort et que je suis le faible, je t'offre de t'acheter tous tes domaines afin de demeurer en paix où je suis. »

Mouleï crut que le marabout était devenu fou ; pourtant, voyant là un moyen de tirer vengeance d'un homme qui publiquement se jouait de lui, il accepta la proposition qui lui était faite, mais fixa un prix que tous les trésors du Maroc n'auraient pu acquitter. En même temps, on annonça au peuple que si Ben Aïssa ne pouvait tenir les engagements qu'il venait de prendre, il subirait un châtiment exemplaire.

Aïssa était homme de ressource : il n'eut qu'à frapper un olivier de la paume de sa main pour faire pleuvoir d'innombrables quantités de pièces d'or, qui payèrent et au delà la somme fixée par le sultan.

Le marabout aurait pu déposséder le prince et tous les grands de la cour, il ne le fit pas. Seulement il exigea d'eux que chaque année, à partir du mois de mouled, tous les habitants de la ville restassent enfermés chez eux durant une semaine, et que seuls ses disciples eussent le droit de circuler dans les rues.

Aujourd'hui encore cette disposition est strictement observée, et le gouverneur de Meknès inflige les punitions les plus sévères à ceux qui violent le pacte passé, il y a trois cents ans, entre Mouleï-Ismael et Sidi Aïssa.

LES KHOUAN

Les *khouan*, tel est le nom d'une puissante confrérie
dont l'influence n'a pas été étrangère aux derniers soulèvements que nous avons eu à réprimer en Algérie. Ce
nom, en arabe, signifie *frère*, et on verra tout à l'heure
qu'à ce mot seul ne se borne pas l'analogie qui existe
entre les associations religieuses musulmanes et les associations religieuses chrétiennes.

Les *khouan* se subdivisent en sept ordres différents
qui, tous, portent le nom de leur fondateur auquel est
dévolue la qualité de saint.

L'ordre le plus ancien est celui de *Sidi-Abd-el-Kader-
el-Djilali;* après, — et nous les classons ici suivant
leur degré d'importance, — vient l'ordre de *Mouley-el-
Aïeb,* puis celui connu sous le nom de *Aissaoua,* celui de
Sidi-Mah'ammed Ben-Abderrah'man, celui de *Sidi-*

Ahmed Tidjani, celui de *Derkaoua*, et enfin, le moins important de tous, celui de *Sidi-Youcef-el-Hamza*.

Les trois premiers de ces ordres sont très anciens, les quatre derniers sont relativement modernes. Chacun d'eux est dirigé par un *khalifa*, qui en général habite les pays musulmans placés complètement en dehors de l'autorité française. Ces *khalifa* sont de très hauts et très puissants personnages, disposant d'une manière absolue des fidèles qui les ont reconnus pour maîtres. Ils se disent et on les croit les représentants directs du saint fondateur de l'ordre.

Après eux viennent les *cheikh* ou *mek'addems*, qui sont placés à la tête de chaque circonscription religieuse. Ces *mek'addems* doivent une obéissance aveugle au *khalifa;* c'est de lui qu'ils tiennent leur pouvoir; il les nomme et les révoque suivant son bon plaisir.

Les *frères* ou les *khouan*, pour employer le mot arabe, ne peuvent en aucun cas correspondre directement avec le chef suprême; le *cheikh* seul peut servir d'intermédiaire et approcher le très saint personnage.

Deux rouages importants de cette organisation autocratique sont le *nekib*, sorte de vicaire chargé de remplacer le *cheikh* dans toutes les circonstances où celui-ci ne peut agir lui-même, et le *rekkas*, dont les fonctions ont quelque analogie avec celles de messager et d'ambassadeur. C'est lui qui porte au *khalifa* les communications écrites du *mek'addems*, et qui généralement est chargé de transmettre verbalement au tout-puissant maître ce qu'il y aurait danger à écrire au sein d'un pays où règne l'autorité française.

On le voit, le *rekkas*, quoique remplissant en apparence des fonctions très subalternes, est chargé d'une mission délicate entre toutes; il est possesseur de terribles secrets, et cela seul lui donne aux yeux des affiliés une importance considérable.

Lorsqu'un musulman a fait choix de l'ordre dans lequel il veut entrer, il doit se faire présenter au *mek'addems* par deux *frères;* il est reçu au milieu d'une assemblée composée des plus fidèles, et seulement après avoir purifié son corps et son âme par le jeûne et la prière. A peine a-t-il pénétré au sein de cette assemblée, où le *mek'addems* siége sur une sorte de trône, il se précipite la face dans la poussière et dit :

« Père, vous me voyez repentant de mes péchés; que Dieu me les pardonne! Je viens à vous en toute humilité pour que vous me confériez, avec l'assistance du Très-Haut, le *oueurd* de notre seigneur un tel... Père, je vous demande de m'initier à la science de la vérité, de me montrer la voie qui mène au salut en me traçant les règles de votre ordre vénéré. Je promets de m'y soumettre, d'y appliquer mon esprit et d'y demeurer fidèle. Je jure de servir jusqu'à la mort ceux qui vont devenir mes frères. Je jure obéissance et dévouement à notre maître le *khalifa* et au *cheikh* son représentant; que Dieu les maintienne en sa grâce et leur accorde sa bénédiction! »

Alors l'assistance s'écrie : « Il est à nous, qu'il devienne notre frère ! » Puis le *cheikh* s'approche du postulant, saisit ses mains avec force et murmure à son oreille des paroles mystérieuses qui plongent dans l'extase le nouvel initié.

Il faut croire que les apprêts de la cérémonie prédisposent singulièrement le novice au merveilleux, car les paroles du *cheikh* n'ont rien de bien surprenant; il prononce tout simplement la profession de foi islamique : *La Allah, illa Allah !* — il n'y a de Dieu que Dieu ! — puis il lui confie les sept noms des principaux attributs de la divinité, attributs qui correspondent aux sept cieux, aux sept lumières divines, aux sept couleurs de l'arc-en-ciel.

La cérémonie se termine par des prières, des souhaits de bonheur adressés au nouveau frère, qui se retire en jurant une obéissance passive à ses chefs.

M. Brosselard, qui a publié sur les *khouan* d'Algérie

un intéressant travail, a eu entre les mains un livre curieux intitulé : *les Présents dominicaux, ou Développement de la règle des Rahmaniens*, livre dans lequel on lit le passage suivant, sur lequel on doit appeler l'attention :

« Le jour où un novice se présente pour être agréé par les frères, il est essentiel de lui adresser les recommandations suivantes, qu'il jurera de tenir secrètes, et auxquelles il promettra par serment de se conformer avec la plus scrupuleuse fidélité :

« Mon enfant, lui dira-t-on, que ton attitude en présence du cheikh soit celle de l'esclave (*mamelouk*) devant son roi.

« Le cheikh est l'homme chéri de Dieu, il est supérieur à toutes les autres créatures et prend rang après les prophètes.

« Ne vois donc que lui, lui partout ; bannis de ton cœur toute autre pensée que celle qui aurait Dieu ou le cheikh pour objet.

« Aie soin de ne te présenter devant lui que dans l'état le plus parfait de pureté physique et morale.

« Tu respecteras ses enfants et ses amis.

« Tu honoreras ses actions de son vivant et après sa mort.

« De même qu'un malade ne doit avoir rien de caché pour le médecin de son corps, de même tu es tenu de ne dérober au cheikh aucune de tes pensées, aucune de tes paroles, aucune de tes actions; considère que le cheikh est le médecin de ton âme.

« Garde bien les secrets qu'il te confiera; que ton cœur soit, à cet égard, muet comme un tombeau.

« Tu te tiendras, sous son regard, la tête baissée et dans le plus profond silence, toujours prêt à obéir à un signe de sa main, à une parole de sa bouche.

« N'oublie pas que tu es son serviteur et que tu ne dois rien faire sans son ordre.

« Il t'est défendu de t'avancer ou de te retirer, à moins qu'il ne le prescrive. Obéis-lui en tout ce qu'il ordonne, car c'est Dieu même qui commande par sa voix : lui désobéir, c'est encourir la colère de Dieu.

« Voue-lui une obéissance aveugle, exécute sa volonté, quand même les ordres qu'il te donne te paraîtraient injustes.

« Sois entre ses mains comme un cadavre entre les mains du laveur des morts, qui le tourne et le retourne à son gré. »

Nous disions plus haut que les associations religieuses musulmanes et chrétiennes avaient entre elles plus d'une analogie; en voici bien un exemple: le passage que nous venons de citer n'est-il pas le développement de la règle *Perindè ac cadaver* des jésuites? Au reste le nom même

d'un des ordres des *khouan* signifie : *jésuites; aïssa*
étant le nom arabe de Jésus, et *aïssaoua*, dans le sens
littéral, voulant dire : Serviteur de Jésus.

A côté des instructions si sévères prescrites aux *khouan*,
il existe dans le livre des *Présents dominicaux* des pas-
sages d'une grandeur incontestable. Les chefs de la confrérie exigent bien vis-à-vis d'eux-mêmes une obéissance
absolue, parce que, sans cette obéissance, ils savent
qu'aucun de leurs projets, dictés par l'ambition et le
fanatisme, ne saurait être réalisable ; mais, lorsqu'il
s'agit de régler non plus les relations d'inférieurs à
supérieurs, mais celles d'égal à égal, c'est-à-dire de
frère à frère, ces mêmes hommes se montrent humains
et éclairés.

Écoutez les conseils qui sont donnés aux novices :
« Mon enfant, tu serviras tes frères avec dévouement; les servir, c'est pour toi *comme un titre de noblesse.*

« Tu fermeras les yeux sur leurs défauts et tu cache-
ras leurs fautes si tu les connais. Celui qui dévoile les
actions coupables de ses frères détache le voile qui couvre
ses propres péchés.

«Aime ceux qui les aiment, déteste ceux qui les haïssent,
car vous ne formez tous qu'une seule et même âme.

« Pardonne-leur les offenses dont ils peuvent se rendre coupables envers toi.

« Ferme ton oreille au mal qu'on pourrait te dire sur leur compte.

« Assiste-les dans la maladie, viens à leur aide dans l'adversité.

« Garde-toi, dans tes rapports avec tes frères, de l'hypocrisie, du mensonge et de l'orgueil.

« Soustrais ton cœur à l'envie ; car l'envie consume les bonnes œuvres, comme le feu consume le bois.

« Quand tu parles de tes frères, applique-toi à vanter leurs mérites, et fais voir que tu es fier de leur confraternité.

« Pense avec eux d'un même esprit, agis avec eux d'un même cœur ; avance d'un même pas dans la voie du salut des âmes, dans cette voie tracée par le fondateur de l'ordre, le plus grand des hommes sur la terre après le Prophète. »

Puis, après ces belles exhortations, revient la préoccupation de la propagande et le chapitre que nous venons de citer se termine par cette phrase : « Lorsque tu parles de la société à laquelle tu es lié par tes serments, souviens-toi qu'il est convenable et digne de l'élever au-dessus de toutes les autres. »

Les obligations auxquelles sont tenus les fidèles sont au nombre de six :

Le renoncement au monde,

La retraite,

La veille,

L'abstinence,

L'oraison continue,

Et enfin, la prière en commun ou l'obligation de se réunir à des jours déterminés pour célébrer les mérites du fondateur de l'ordre, chanter la gloire du Prophète et rendre grâce à *Allah*.

Une des plus singulières maximes du Coran est certainement celle qui dit : « L'odeur qui sort de la bouche d'un homme à jeun est plus agréable à Dieu que le parfum du musc et de l'encens. » Malgré cette maxime, l'abstinence n'est observée que par un petit nombre de fanatiques se faisant gloire d'imposer à leur corps les plus rudes privations.

De même le renoncement au monde, la retraite et la veille, ne sont mis en pratique que par une minorité peu nombreuse; minorité, il est vrai, que les Arabes tiennent en grande vénération.

Seule, l'oraison continue est à peu près observée par tous; elle consiste à répéter autant de fois que l'indiquent les statuts des différents ordres, des formules ou invocations spirituelles telles que celles qui nous sont rapportées par l'auteur que nous citions plus haut.

« Il n'y a de Dieu que Dieu ! Dieu pardonne ! O Dieu le vivant, l'enviable, le fort, le juste, le clément, le miséricordieux !

« O croyants, tout ce que vous pouvez faire de bien vous le retrouverez au centuple auprès de Dieu, car il est le juste, le clément, le miséricordieux !

« Préparez-vous : de jeunes vierges aux yeux noirs resplendiront pour ceux qui auront combattu dans le sentier de Dieu !

« Faites la guerre à ceux qui ne croient pas en Dieu ni au jour dernier, qui ne regardent pas comme défendu ce que Dieu et son apôtre ont défendu. Est-ce que vous ne comprenez point ?

« Dieu a acheté aux croyants leurs biens et leur personne pour leur donner en échange le paradis, où leur soif sera étanchée. »

Certaines de ces invocations doivent être répétées jusqu'à trois mille fois par jour. Cette règle, qui paraît tyrannique et absurde, a cependant sa raison d'être et sert admirablement les vues des chefs fanatiques qui dirigent ces associations religieuses. En effet, l'homme qui s'imagine conquérir son salut en répétant sans cesse des formules exaltant sa haine contre les chrétiens, en arrive à ne plus penser comme un autre homme; son esprit se meut dans un cercle inflexible, toutes ses pensées sont

dirigées vers un même but, et il doit forcément aboutir
ou à la fureur ou à l'abrutissement, deux états de l'esprit
que savent également exploit r contre nous les propaga-
teurs de guerre sainte.

C'est actuellement dans la Kabylie, qu'en proportion
du nombre des habitants, les *khouan* sont le plus nombreux. A ce sujet, un fait curieux, constaté dans les
ouvrages de MM. Brosselard et de Neveu, est qu'avant
notre conquête, les Berbères étaient restés complètement
en dehors des associations religieuses dans lesquelles
nous les avons poussés à notre insu en brisant, par le
fait même des succès de nos armes, les liens qui retenaient
ces étranges populations à d'anciens préjugés.

Voici comment : Les Turcs, même au temps de leur
domination, n'avaient jamais pu pénétrer jusqu'au cœur
de la Kabylie. Les populations belliqueuses qui occu-
paient ce pays attribuaient ce fait à l'influence de certains tombeaux de marabouts. Aussi ces marabouts
étaient-ils en grande faveur et en grande adoration
parmi les Berbères, qui professaient pour eux un culte
auquel les attraits des différents ordres islamiques étaient
impuissants à les arracher.

Quand nos troupes, sous la conduite du général
Randon, entreprirent la conquête définitive du Djurdjura,
les Kabyles attendirent de pied ferme les chrétiens au-

tour des tombeaux sacrés qui devaient les protéger. Quelle ne fut pas la stupéfaction des fidèles quand ils virent nos soldats escalader, sans être écrasés par le feu du ciel, les pentes abruptes où se dressait la blanche silhouette des marabouts [1] vénérés!

Quand la Kabylie fut soumise, le raisonnement fit place chez les Berbères à la stupéfaction, et ils conclurent de notre victoire que leurs saints étaient de vulgaires imposteurs puisqu'ils n'avaient pas su anéantir les audacieux envahisseurs de leurs montagnes.

On a recueilli quelques lambeaux des chants improvisés alors par les poètes de l'endroit, en voici quelques spécimens :

« Infortunés quarante saints, est-il dit dans un de ces chants, où étiez-vous quand tu brûlais, ô Bou-Zizi ! »

Bou-Zizi était la mosquée qu'incendia la colonne expéditionnaire le 24 mai 1857, mosquée qui, dans la croyance populaire, était gardée par quarante saints.

Le même poète, s'adressant à un marabout qui, après avoir promis la victoire aux fidèles, avait jugé prudent de prendre la fuite à l'approche des Français, lui disait :

1. On donne aussi le nom de marabout au monument qui sert de tombeau à un saint.

« Malheureux cheick Ben Arab,

« Pourquoi avais-tu disparu, ô saint ?

« Pourquoi nous disais-tu :

« Le chrétien ne gravira pas la montagne,

« Puisqu'en définitive,

« Il l'a vaincue jusqu'au Aïth Zenni ? »

Quand le succès de nos armes eut ainsi renversé les vieilles superstitions, le Kabyle, dont l'esprit éminemment religieux était avide de nouvelles idoles, se plia volontiers à une règle inflexible qu'apportait avec elle une confrérie déjà puissante.

La religion ne fut pas le seul mobile qui poussa les indigènes du Djurdjura à se rallier à la secte des *khouan*, un autre mobile existait : l'espoir de la vengeance. Ils savaient bien qu'une association de ce genre, en plaçant des forces considérables et disciplinées entre les mains d'un chef fanatique, devait avoir, sinon pour but apparent, du moins pour but réel, l'extermination des chrétiens.

Ces milliers de fidèles, disséminés sur tout le territoire de l'Algérie, prêts à obéir à un mot d'ordre, à lever l'étendard de la révolte sur un signe de chefs auxquels l'éloignement garantit une sécurité complète, constituent un danger contre lequel il faut nous prémunir.

Nous ne devons pas hésiter, si nous voulons conserver l'Algérie, à entreprendre courageusement la destruction des foyers de fanatisme que l'empire a scrupuleusement respectés sous prétexte de ne pas porter atteinte à la religion et aux coutumes du peuple conquis.

FIN.

TABLE DES MATIERES,

	Pages.
En route	1
Le Marché	6
Yaouleds et Ménagères	12
Alger pendant le Ramadan	19
Environs d'Alger. — Saint-Eugène	28
Les Coteaux de Mustapha	35
La Bouzaréah	43
Les Arabes chez eux	47
Un Intérieur arabe	53
La Vie de famille	59
La Femme arabe	68
Beauté et Cuisine	75
Les Bourriquotiers	83
La Fête de Fèves	91
Les Morts	96
Un Cimetière arabe	101
Mosquée et Prétoire	106
Un Bain maure	113
Le Palais de Mustapha	118
La Tente arabe	123
Les Krammès	128
Encore les Krammès	133
Les Nouvelles en pays arabe	138
Un Marché dans la montagne	141
La Population d'Alger	148

	Pages.
Les Juifs.	154
Lettre d'un Juif réserviste.	159
Les Anglais à Alger.	164
Oran et les Orannais.	172
D'Oran à Tlemcen.	178
Tlemcen	190
Bou-Meddine	203
Biskra	209
Les Courses.	214
Le Câble algérien.	221
Les Forêts	226
Les Smalas.	230
Les Vignes impériales.	234
Le Ravin de la Femme sauvage	239
La Mitidja	244
Les Faux Prophètes.	250
En Kabylie.	257
Mœurs politiques en Kabylie.	264
En Kabylie. — Mœurs sociales.	269
Les Imessebelen	275
Les Aïssoua.	280
Les Khouan.	286

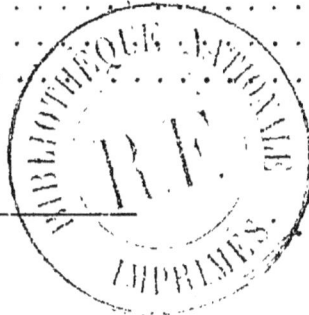

J. Quantin imprimeur
r S.Benoît, 7 à Paris.

www.ingramcontent.com/pod-product-compliance
Lightning Source LLC
Chambersburg PA
CBHW050509270326
41927CB00009B/1970